NEW
RETAIL

新零售

全渠道营销实战

获客、成交、复购与裂变

时胜利◎著

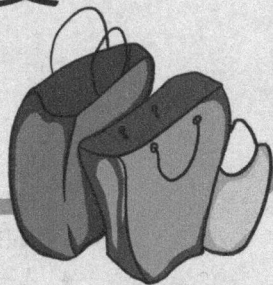

人民邮电出版社

北京

图书在版编目（ＣＩＰ）数据

新零售全渠道营销实战：获客、成交、复购与裂变 /
时胜利著. -- 北京：人民邮电出版社，2019.10
ISBN 978-7-115-51783-8

Ⅰ. ①新… Ⅱ. ①时… Ⅲ. ①零售业－市场营销学
Ⅳ. ①F713.32

中国版本图书馆CIP数据核字(2019)第172751号

内 容 提 要

本书通过分析新零售现象背后的本质，推演出实体店转型新零售的关键路径：重构"人－货－场"，并对门店环境、管理模式、运营思维、消费体验等进行创新设计。

基于关键路径，本书给出了实体店转型新零售所需的工具、营销方法及获客技巧，并深入阐述了门店如何促进成交、复购与裂变。为了便于理解，书中引入了大量鲜活的案例，包括小米之家、三只松鼠、永辉"超级物种"等。

本书结构清晰，适合新零售行业的从业者阅读，同时对零售行业的管理者、营销人员等也具有一定的指导意义。

◆ 著　　　　时胜利

　责任编辑　马　霞

　责任印制　周昇亮

◆ 人民邮电出版社出版发行　　北京市丰台区成寿寺路 11 号

　邮编　100164　　电子邮件　315@ptpress.com.cn

　网址　https://www.ptpress.com.cn

　涿州市般润文化传播有限公司印刷

◆ 开本：700×1000　1/16

　印张：14.75　　　　　　　　　2019 年 10 月第 1 版

　字数：249 千字　　　　　　　2024 年 10 月河北第 16 次印刷

定价：59.80 元

读者服务热线：(010)81055296　印装质量热线：(010)81055316
反盗版热线：(010)81055315
广告经营许可证：京东市监广登字 20170147 号

过去的 2017 年和 2018 年，对于零售企业来说，可谓应了狄更斯《双城记》中的那句名言：这是一个最好的时代，也是一个最坏的时代。

这两年，商业零售行业大洗牌。一方面，一些曾经辉煌的零售巨头，如新一佳、沃尔玛、乐天玛特、卜蜂莲花等，如今却关店的关店、亏损的亏损，战战兢兢、步履维艰。但是我们也同时看到盒马鲜生、小米之家等零售业态人潮涌动，好一派繁荣景象！

另一方面，淘宝、京东等线上大平台虽然在"双 11""双 12"的交易额屡创新高，却是表面繁荣，实则增长乏力，已碰触天花板；大多垂直电商平台在夹缝中生存，因为商品同质化，所以只能拼价格，不断降低利润，由此困难重重；而拼多多等社交电商平台在这两年以迅雷不及掩耳之势异军突起，真是"我消灭你，与你无关"啊！

毫无疑问，不管是线上还是线下，零售行业面临着冰火两重天的境况。不过也正是翻天覆地的变革，让零售业浴火重生。作为商品和服务的风向标，零售业迎来了新的机遇和挑战。

2016 年 10 月，马云在杭州云栖大会上发表演讲，首次提出了"新零售"的概念。很多人高呼：实体店的春天终于来了！可事实真是如此吗？

其实线下门店活得不易，不仅要面对租金上涨和客流减少的压力，而且还缺少对供应链的把控能力和对消费者的触达能力；再加上新的竞争者身穿新业态、新技术的盔甲，"来者不善"，这给传统实体店带来了极大的挑战。

让实体店日子不好过的"罪魁祸首"并非电子商务，我们发现，即使在电商增势凶猛的年代，经营得好的实体店销量依然没有下滑，而且随着持续的积累，销量继续稳定上升，被淘汰的实体店只是那些在消费升级的时代不再受消费者关注的店。

万物皆有裂痕，那是光照进来的地方。

新零售的提出使大家看到了曙光，大家都迫切希望用新零售来更新和改造传统的零售模式，寻求转型与升级成了当下最重要的事情。因为新零售是线上、线下的融合，也因为并购或者战略合作的关系，所以传统零售与电商由竞争对手逐渐演变成亲密战友，在新消费的刺激下两者融合进化，诞生了新物种。这样一来，一方面可以解决电商所缺乏的体验问题，另一方面也能提升传统线下零售的效率。

那么，到底什么才是新零售？新零售到底"新"在哪里？什么样的新零售可以长足发展呢？单纯为了解释新事物而创造所谓的新概念、新名词并不能带来任何真实的商业价值。很多企业为了套概念，卖个小程序就叫新零售，推广个移动支付也叫新零售，把实体店主搞得一脸茫然。其实，这些都只是"盲人摸象"故事里摸到的那条"尾巴"而已。新零售不仅是对线下门店的升级改造、对线上的倒逼，而且也是零售企业加强线上与线下协同能力、重新发现和满足顾客需求的新的经营模式。

本书对新零售的新业态进行了梳理，挖掘出新零售的底层逻辑，进而对新零售的本质进行了阐述，为的就是让实体店经营者能够更好地迎接消费升级的到来，让不同阶段的经营者审视经营上需要做的工作，拥有一个清晰的新零售视野，把握住新零售的商业规律，从而复盘现有的工作和业务，促使经营者对自身进行盘点和重整，推动新零售的升级。

当然，曾经的超市、电子商务的出现对于更传统的零售业态来说，其实也是新零售。同样，如今所提的新零售总有一天也会变成"旧零售"的。如何以不变应万变呢？我们唯有抓住零售的本质，也就是日本 7-ELEVEn 的创始人铃木敏文说的：零售的本质就是满足不断变化的客户需求。由此，我们倒不如把新零售叫作"心零售"更合适。

所以，本书更多的篇幅着重介绍了新零售的具体实战方法：如何结合"人—货—场"的理念，拓展对新零售的洞察，并以低成本快速切入新零售。帮助实体店经营者重新认识用户，重新构建营销场景，进行经营模式的创新。

要让实体店经营者真正学会两个核心技能：一是以人为本，把服务做好，把顾客体验做好；二是创新，寻求模式与沟通等方面的创新。既讲清基本的、必备的理论知识，又使读者能够快速上手操作，是本书的宗旨。

　　只有俘获用户的心，才能在零售变革时代岿然不动。而想要俘获用户，"利他"是最朴素的商业之道。简而言之，就是不要耍小聪明，不给客户灌"迷魂汤"。一锤子买卖不是真正的买卖，只有把商品和服务做到极致，经营好单个客户的终身价值，才能永葆青春。

　　"坐而言不如起而行"，只有行动才能创造价值。希望本书能够助你在新零售改造的实践中受益！当然，本书虽然强调实操，但是读者也不要囿于书中所列技巧和演示。而且，新零售会一直不断地演进，任何实践经验皆有其适用边界。本书难免存在疏漏和不当之处，敬请读者提出批评和建议。

时胜利

2019 年 8 月

目录
CONTENTS

新零售现象的
背景与本质

——

第 1 章

1.1

新零售概念不是凭空而降

1.1.1 认识新零售的概念

在 2016 年的云栖大会上，马云在演讲中第一次提出了新零售的概念，并将其与新制造、新金融、新技术、新资源一起作为阿里巴巴集团的"五新战略"。

在这五个"新"中，新零售尤其受到关注，它搅得电商和零售业界风起云涌，成为商界人士聚会热议的话题。有人兴奋，好像发现了下一个蓝海；有人迷茫，"到底啥是新零售，和我又有什么关系"；有人恐慌，生怕自己不懂新零售而被淘汰。

随后，阿里巴巴的 CEO 张勇又对新零售进行了扩充，他认为："不能狭义地将新零售理解为线上、线下的互动和融合，全渠道只是新零售的一个组成部分。网红经济、个性化推荐基础上的用户交互行为以及用户购买动线的改变等，都应该被纳入到新零售中。"

另外，国务院办公厅也印发了《关于推动实体零售创新转型的意见》（简称《意见》），该《意见》提出"促进线上、线下融合，鼓励线上、线下优势企业通过战略合作、交叉持股、并购重组等多种形式整合市场资源，培育线上、线下融合发展的新型市场主体。……要建立社会化、市场化的数据应用机制，鼓励电子商务平台向实体零售企业有条件地开放数据资源，提高资源配置效率和经营决策水平"。

据不完全统计，笔者所在的上海在一年多的时间里举办了数十场新零售峰会、论坛。从参会人数及热情程度来看，新零售的话题是颇受关注的，但是众说纷纭，很难有一个明确的定论。

反正后来的结果是，很多行业都华丽转身并披上了新零售的外衣，原来做微商平台的改叫新零售；原来卖网站、小程序的改叫新零售；原来搞电商培训的也都挂上了新零售培训的金字招牌。貌似没个新零售的身份都不好意思跟人打招呼了。

1.1.2 了解新零售的本质

那么，新零售的本质究竟是什么？新零售时代是否已经来临了呢？新零售会像 O2O 一样昙花一现吗？

马云认为，未来电子商务将会消失，线上、线下和物流相结合的新零售将会出现。而百度百科上关于新零售的概念则为"企业以互联网为依托，通过运用大数据、人工智能等先进技术手段，对商品的生产、流通与销售过程进行升级改造，进而重塑业态结构与生态圈，并对线上服务、线下体验以及现代物流进行深度融合的零售新模式"。

也有学者认为，新零售就是"零售数据化"，其核心就是以消费者为中心，将会员、支付、库存、服务等数据进行打通，如图1-1所示。

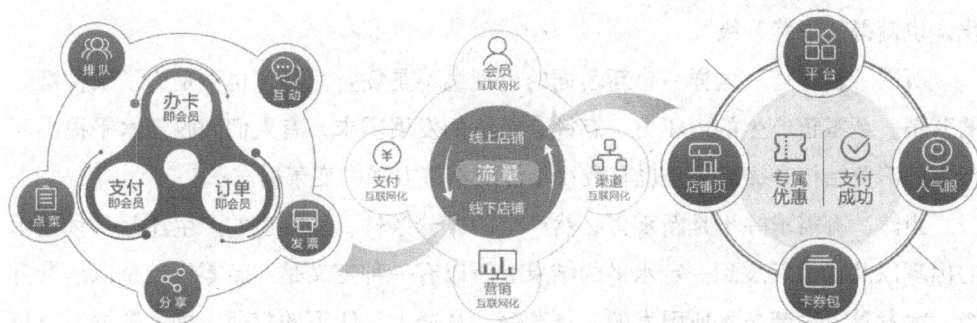

图1-1　"零售数据化"示意图

"百货一姐"厉玲对新零售却持有不同的观点，她认为："零售就是零售，没有新旧。"她表示，"勿以新旧论零售。

"我大概是第一个在比较公开的场合表明与马云意见不一致的。'五新'为什么只有新零售还在，别的全没了？新制造、新金融、新能源、新技术，为什么全部没有人说，只说新零售？因为零售门槛低，谁都好说。新能源、新金融，你去说说看，什么是新金融？

"人家说新零售把老零售取代了，电商把实体零售取代了，我认为没有，它们都活着。零售的本质就是把商品卖给消费者。零售多普通，零售多简单，可是都被描述成高大上了。拥抱新技术，面对新市场，迎接新对手，创造新业绩，永远是零售商的目标。我们欢迎电商，也不是欢迎，而是要面对。

"对于银泰百货来讲，是马云电商可怕，还是旁边开出一家新的百货店可怕？当然是一家新的百货店可怕。你门口开了一家星巴克，是网上卖星巴克可怕，还是旁边开一家COSTA可怕？我们永远在讨论这个问题，因此拥抱新技术，面对新市场，迎接新对手，创造新业绩，是我们零售商永恒的话题。"

3

那么，到底有没有新零售？什么又是新零售呢？本书将为你慢慢道来……

如果过去三十多年间出现的传统百货、超市、大卖场等实体零售商业就是所谓"旧零售"，那么这些"旧零售"是与当时的市场环境相适应的。只是随着我国工业化进程以及市场体系的不断完善、互联网信息化程度的提高，零售业生存发展的环境发展了巨大变化，而"新零售"的发展趋势也成为一种必然。

消费者在经历了购物中心购物和网购模式之后，既想要网购的便利和便宜，又想要实体店的体验和服务，更想要有品质的产品。新中产的崛起，年轻消费群体登场，品质、体验、价格和价值都成了购物的关注重点。而消费观念和消费需求的变化，也使得"消费升级"。

所以"新零售"这样一个新名词的出现绝不是凭空而降，也不是为了某种概念的营销。新零售产生的内驱力，有社会经济的发展需求，有人们因收入水平提高而产生的消费结构升级需求，也有数百年传统零售方式的变革需求。

当然，有需求并不是新零售必然产生的充分条件，新零售的产生还是各种技术的出现以及物流发展到一定水平的结果。所以有一种定义是"新零售就是以消费升级为大背景、由新技术所引发的一场革命，从线上、线下的打通，到大数据、云计算、高效物流，以及整个零售业产业链的创新所引发的革命"。

这场革命，既有利于消费者和商家，更有利于整个实体经济。而加入这场革命就像前几年企业拥抱互联网一样，越早行动就越容易抢占新风口，甚至能借此实现弯道超车。

1.1.3　新零售该如何落地

新零售概念提出来之后，阿里巴巴便开始了向"线下"渗透的步伐。以阿里的创新型自营业务盒马鲜生为例，如图1-2所示，其采用"线上外卖＋线下门店"的经营模式，门店承载的功能较传统零售门店进一步增加，集"生鲜超市＋餐饮体验＋线上业务仓储配送"为一体。

如果说盒马鲜生提供的是用户体验式服务，那么阿里零售通就是对重塑供应链的尝试。

据不完全统计，截至2017年5月，国内杂货铺约有680万个，其一年的销售额约10万亿元，这其中有3万亿元是烟草销售，而剩下的7万亿元则来自非烟草销售，这些杂货铺的地域分布如图1-3所示。

图 1-2　盒马鲜生零售门店

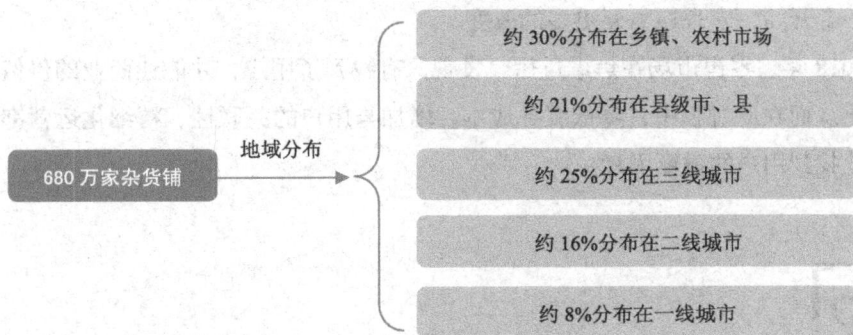

约 30%分布在乡镇、农村市场

约 21%分布在县级市、县

680 万家杂货铺　地域分布　约 25%分布在三线城市

约 16%分布在二线城市

约 8%分布在一线城市

图 1-3　杂货铺的地域分布

新零售模式的落地，使得线上和线下互相促进和融合，电子商务的表现形式和商业路径也将随之发生转变。所以新零售不是互联网到头了，而应该说是互联网的进一步发展，或者说是在网购不断发展的当下，发现线下仍然是零售业必须把握的一个渠道。

纯线上的电商有着许多显著的优势，但是它也有着明显的缺陷，比如，它始终都无法拥有像线下那么真实的商品体验感受。

另外，线下也能更及时地让消费者获得商品。比如，同样是买衣服，消费者在网上购买一件衣服，可能光是运输就需要三四天；而在线下，消费者看上某件衣服之后，只需要付款便能立马获得该衣服。

所以，在未来，社群零售业可能会拥有更好的发展机会，而那些可以快速将商品送到消费者手中的便利店的未来也具有了更多可能性。在这种情况下，不只是纯线上的平台，传统模式的实体店同样也面临着巨大的挑战。

面对新零售模式带给零售业的巨大挑战，可能不同的人会有不同的看法。其中有部分人会感叹生意越来越难做；另外一部分人则会窃喜，用创新的玩法，生意变得越来越好，这永远是亘古不变的规律。

1.1.4　发展脉络和态势

我们再看一下近年来新零售的一些发展脉络和态势。

2017 年被视为"新零售元年"，这一年超市资产受到了互联网巨头的关注，大量资金被投入到各大超市中，百货的新零售改造苗头开始出现。

在 2017 年的新零售生态重构中，虽然用户成为真正的受益者和最大赢家，但是，日益增长的消费升级需求仍旧没能得到满足。所以，2017 年对于新零售来说还只是一个开始，未来还需要更多的改变。

2018 年，零售市场在焦虑过后，发现只有找到了用户，才能让商业的价值达到最大化。而在此过程中，降低服务成本、增加与用户的关联性、精细化运营都成为零售业找到用户的重要因素。

1.2
关于第四次零售革命

2017 年，京东集团在其发表的《第四次零售革命》中表示："从零售历史来看，今天所面临的变革和过去相比并没有什么特别。对零售业来说，变革常在、创新常在。下一个 10 年到 20 年，零售业将迎来第四次零售革命。

"新技术正在给各行各业带来巨大冲击，也把零售业推到了风口浪尖。今天市场上会不断地出现和零售有关的新名词、新标签、新概念、新模式。一个明确的共识是：零售业正处在变革的前夜。一场暴风雨过后，整个行业会焕然一新：带来一些新的机会，同时也颠覆一些旧的模式。"

零售业会走到哪里去？京东分享了对零售未来的思考："下一个 10 年到 20 年，零售业将迎来第四次零售革命。这场革命改变的不是零售，而是零售的基础设施。零售的基础设施将变得极其可塑化、智能化和协同化，推动'无界零售'时代的到来，实现成本、效率、体验的升级。"

除了上述内容之外，《第四次零售革命》中主要谈到了七点，接下来笔者分别进行解读。

1.2.1　零售的本质没有改变

"零售不存在新与旧。零售的本质一直都是成本、效率和体验，这一点从来没有变过。我们回顾一下零售业的历史，就可以非常清楚地看到这一点。"在京东集团看来，零售业主要发生了4次革命，具体如下：

1.第一次零售革命：百货商店出现

1852年，世界上第一家百货商店出现，"前店后厂"的小作坊运作模式被打破。由此，大批量生产成为现实，商品的价格得以降低。商品得以展示，购物成为一种娱乐和享受。

2.第二次零售革命：连锁商店出现

1859年后，连锁商店形态走向高潮。连锁店的统一化管理和规模化运作，提高了门店运营的效率，降低了成本。同时，它也让购物变得更加便捷。

3.第三次零售革命：超级市场出现

超级市场在1930年逐渐成形，它开创了开架销售、自我服务的模式，引入了现代化IT系统，提高了商品的流通速度和周转效率，带来了一种全新的体验。

4.第四次零售革命：电子商务出现

20世纪90年代，电子商务开始普及。购物开始不受空间限制，商品选择范围扩大，选择多样化。而分销体系的颠覆也让商品的价格得以降低。

从百货商店、连锁商店、超级市场，再到电子商务，零售主要围绕着成本、效率、体验。每一次零售革命，都是因为在某一方面有所创新。而那些经得起时间考验的改变，则是在成本、效率、体验上的同步升级。

因此，无论零售的业态怎么变化，其本质都是不变的。零售的发展一定会围绕成本、效率和体验这几个要素。不管是过去、现在，还是未来，都是如此。

1.2.2　零售基础设施的改变

看到这里，有人可能会有所疑惑：既然零售的本质是没有变化的，那么究竟是什么在变化呢？京东集团认为："是零售的基础设施一直在升级换代，不断改变成本、效率、体验的价值创造与价值获取方式。"

"零售基础设施"是由京东提出来的一个概念。京东为什么要提出这个概念呢？

这主要是因为在零售系统的进化过程中，信息、商品和资金服务的提供呈现社会化、专业化的趋势。而传统"前店后厂"的小作坊模式中其实是不存在公共和基础设施的。商业的发展使信息、商品、资金开始向外部流动，专业化的服务则由第三方提供。

以物流为例，无论是实体店还是电商，都呈现由自由走向公共服务的趋势。比如，物流公司的发展形成了规模经济，快递的运输提速，也搭建起了专门为派件服务的快递站。快递的运输和派送已经交给了专业的公司和派件员。

由上述内容不难看出：信息、商品和资金流动效率的提升，是社会化、专业化的服务系统不断升级的结果。

因此，京东认为："零售的改变其实是背后零售基础设施的改变。未来零售的业态可以有许多新的形式，但背后的基础设施会越来越社会化、专业化。零售业会演变成为互联、共享的生态。"

1.2.3　第四次零售革命

第四次零售革命建立在互联网电商的基础上，过去 20 年互联网的普及和发展为其准备了良好的环境。前三次零售革命虽然冲击力强、影响面广、持续时间长，但它们仅仅是围绕着成本、效率、体验进行的变革。

这样的变革只是让商品更便宜，或者让消费者更方便地购物。但是，时至今日，消费者在购物时已经不仅仅只是要求低价和便捷。比如，消费者还会注重商品的品质和个性。而在这种情况下，单纯地控制价格，可能并不能解决消费痛点。

零售业在出现后的 100 多年间发展平稳，而第四次零售革命很可能会打破平稳，给整个行业带来震荡，而零售业的游戏规则也很可能会由此重新被制定。而这种震荡我们已经能够清楚地感受到，这其中最明显的就是自动结账、无人超市和营造体验式购物的 AR 技术等。

1.2.4　第四次零售革命的驱动力

判断趋势的转变，需要先分析趋势背后的驱动因素。从零售业的发展历程来看，每一次零售革命都是两股力量共同作用的结果。这两股力量，一是消费的变化，二是技术的更新。

消费的变化对零售业的影响体现在：城市化使购买力集中化，而工作压力增加和生活节奏加快，则让消费者对低价与便捷提出更高要求，催生了消费者的自我服务意识，这也让超级市场这种可供自由选择的销售模式得到了消费者的认可。

技术的更新对零售业的影响体现在：百货商店凭借大规模生产、产销分离模式的成熟应用得以发展；连锁商店依靠统一管理和标准化运作的零售组织方式成为零售商的选择；而超级市场则离不开现代化信息系统的支撑。

既然前三次零售革命都是基于消费和技术的影响，那么，第四次零售革命又是哪些因素促成的呢？京东集团认为主要包括 3 个因素，具体如下：

1. 需求个性化

消费者越来越注重自身个性的表达，他们的关注点从性价比等共性特征转向美学设计等个性特征，这对产品和零售的适配度提出更高要求。

2. 场景多元化

消费场景会越来越分散，消费场景变得空前丰富，企业也不再局限于单一的高流量入口。

3. 价值参与化

在消费的过程中，消费者开始扮演越来越积极的角色，从被动接受和选择到主动影响和创造。

1.2.5　技术赋能时代的到来

即将到来的智能商业时代让我们拥有改造零售业和零售基础设施的能力。互联网可以连接分散的顾客、产品和消费场景，却无法让这些达到协同。

智能商业的协同主要通过 3 个 "I" 实现：感知（Instrumented）、互联（Interconnected）、智能（Intelligent），具体如下：

1. 感知

感知是指智能技术对场景的感应能力增强，使场景能够数据化，让数据资源得以留存。比如，京东智能冰箱能够通过内置的高清摄像头，实现图像识别和门箱对拍，让用户不需要手动输入名称便可以获得不同品类食品的过期提示。

2. 互联

互联是指打通不同场景的数据，最大限度地实现数据共享，从而创造更高的协同价值。比如，京东的叮咚音箱不仅仅是一个音箱，它还和喜马拉雅 FM、京东商城等第三方服务连接，能够灵活地调用不同应用，从而打造了庞大的智能生活生态圈。

3.智能

智能是指整个零售系统的智能化水平不断提升优化。比如，未来零售会实现精准的销售预测、高转化率的商品推荐、合理的配送路线规划等。随着数据的完善和算法的迭代，产品的生产、推荐、交付都会变得越来越精准，各个模块之间的组合也会变得极其灵活。

在零售业中，消费和技术是相互联系、相互配合的。没有智能技术的支撑，零售业消费端乃至第四次零售革命都只能是空谈。正是因为消费与技术的结合，才带来了第四次零售革命。

1.2.6　未来的零售图景

未来的零售图景会是怎样的？京东集团认为消费端和技术端的变化，在交叉组合之后得出两个关键词：无界、精准。

无界是指网页作为流量的中心，多个网页可以跳转到同一个购物网站。随着网络技术的发展，同一个网名可以在无数的场景和入口中进行选择。

现在流量中心的重要性正在不断变弱，而以客户为中心则变得越来越重要。零售业的未来将会处于无处不在、无时不在的无界状态。在这种情况下，购物的入口将会分散和多变，固守单一平台的零售商将会变得日益脆弱，而新型的零售设施将变得愈发重要。

精准则是从"大众市场"演变为"人人市场"。过去的零售关注的是大众市场，所以在产品提供上也是批量性的，而通过这种方式生产的产品往往很难达到个人的独特需求。

无界和精准代表着零售图景中的两个方面，无界是零售企业的宽度，精准则是零售变革的深度。而无界和精准，又必须借助数字化、智能化的零售基础设施。因此，技术的创新应用才能让零售的边界得以突破，让体验、成本和效率同步升级。

在第四次零售革命的"无界零售"图景中，体验的升级仅仅是"便捷"显然还远远不够，只有理解消费者的需求、连接消费者的需求和实现消费者的所见即得，才能随时、随处地满足消费者的需求。在这种情况下，成本和效率的升级对智能技术的依赖性将会增强，而零售系统内的资金、商品和信息流动则将不断优化。

1.2.7　未来的零售基础设施

在未来的"无界零售"图景中，作为串联消费变化和技术更新载体的零售基础设施的地位将会日益重要。未来消费的需求和场景将会变得多元、分散，而零售企业则需要覆盖信息、商品和资金流的体系来做支撑。这套为公共基础服务的体系，能够有效地实现资源的协调，获得共享的价值。

比如，现在零售企业都会将消费者作为重点研究对象，许多零售企业甚至会为目标用户做好画像。但是因为企业得到的用户信息通常是碎片化的，很难拼凑起完整的用户画像，所以零售企业对用户的理解也是比较有限的。

而通过数据的协同，零售企业则可以将服务全天候地覆盖每一位用户，了解用户的偏好和消费场景，在这种情况下，用户画像将会变得非常准确。这里也体现出了公共基础设施的价值。

要想更好地实现资源的统一协调，未来一流的零售基础设施必定是具备 3 特征，即可塑化（scalable）、智能化（smart）和协同化（synergetic），具体如下：

1. 可塑化

可塑化，是指零售的基础设施要具有较强的适配能力，满足不同合作伙伴的不同需要。基础设施的服务商要有开放的心态和灵活的组织，还要具备制定和执行服务标准的号召力。

2. 智能化

智能化，是指零售的基础设施需依托数据，基于数据的算法，输出智能化的解决方案，从而不断提升零售系统的整体效率。一流的零售基础设施服务应覆盖全链条的数据，具备零售领域的专业知识，更有效地对外赋能。

3. 协同化

协同化，是指信息、商品、资金流服务可以通过组合得以互相强化，形成合力。未来一流的零售基础设施服务商需要做好"软硬结合"：既要贯通数据和金融，又要干得了物流的苦活、脏活、累活。

零售基础设施的开放、赋能，并不是消灭现有的零售业态，而是与现有业态融合发展。它不仅会影响消费领域，还会对流通领域，乃至整条供应链都带来翻天覆地的变化。

1.3

新零售诞生的背景和带来的变革

新零售的产生既然是一种必然，那么我们必须要了解新零售到底是在什么背景下产生的，这样才能去更好地研究它，掌握它的发展规律，进而为我们所用。

1.3.1 新零售时代到来的背景

伴随着电商的倒闭潮和实体店的关店潮，许多零售企业开始思考零售的发展方向。行业先行者们认为线上、线下不是对立的，未来它们可能还会有合作。此时，中国零售迎来了一个新的阶段，有人将其称为"第三次零售革命"，也有人称其为"后电商时代"，而马云则干脆用"新零售"来命名。

也就是说，新零售是现存的一种商业创新现象，而不是马云提出该概念之后才存在的。那么，新零售时代的到来有哪些促成因素呢？新零售时代扑面而来主要有3个原因，具体如下：

1. 消费诉求不断提高

消费者的口味变得越来越刁，消费升级到了一个真正要落地的时刻。因为网购的东西比实体店还便宜，且更方便。但网购商品质量得不到保障，在购买时无法获得对商品的真实感受，所以许多消费者开始做线上、线下的结合。比如，线下试穿衣服，再到网上去下单。在这种情况下，唯一能刺激消费者的就是通过做好落地，促使消费体验的提升。

2. 互联网的红利阶段基本结束

商务部的统计数据显示，2010 年以来，网上零售额呈现逐年下降的趋势。电商行业增速放缓，电商企业线上红利降低，收入遇到天花板，获客成本也不断增长。所以，要开拓新的利润增长点就必须实现线上、线下的融合。移动互联网发展的窗口期出现，接下来的主要方向是深入产业，以产业的发展为主，互联网的改造为辅。

3. 实体零售业不景气

实体零售业进入"闭店止损""升级改造"的关键期，大量百货公司开始收缩实体店面。以前经营成本的增加，可以通过提价转嫁给消费者。互联网时代，商品价格变得透明，成本转嫁难度增加。对此，线下实体店只得闭店进行升级。借助互联网技术和线下的结合，消费者可在实体店体验产品，在线上下单，通过线上、线下的完美结合，用最少的力气，享受最好的购物体验。

1.3.2　新零售时代带来的变革

新零售是基于对消费者未来生活方式变革的适应，它包括内容、体验与感知。也就是说，选址布局、业态组合、商业模式和经营方式都会随之进行调整。新零售需要贴近消费者的生活，这样才能获得发展空间和迸发生命力。由此，新零售必将带来以下变革。

1. 渠道业态生活化

生活类的新兴业态将不断涌现，而传统的零售业态将向生活化场景转化。优秀的新型零售，不仅会创造生活方式，还会起到引导生活的作用。

2. 零售场所生活化

商业渠道逐渐向消费者的生活位置靠近。原有的商业中心逐步转化为高端生活化的场所，比如商务、旅游和艺术等。

3. 服务方式生活化

基于自身商业利益设计的经营方式，包括传统百货和传统超市，只是客观上为了消费者的生活，主观上却是以自我为中心。未来的商业服务，将更加注重生活场景和体验式。

4. 价值来源生活化

消费者在未来生活的服务和满足中，将获得更多的价值。原有的价值，主要来自商业场所的硬件本身，包括建筑物的商业设计及风格、商业布局及组合、物业管理及服务等。

5. 商业模式生活化

实体商业的开办者变为经营者，在此过程中学习自主经营、自有品牌和自建渠道，自己经营、自有品牌、自主渠道，成为基本的趋势。而传统的经营模式将无法适应新零售时代，难以抢占消费者心智，更无法获得消费者的追随。

新零售对于传统的实体零售商们来说是新一轮的机遇和挑战。实体零售业有符合新零售基本要素的自身优势，比如"生活场景"。零售业虽然在不断变革，但是不管是旧零售还是新零售，其本质都需要通过实体店来体现。也正因如此，有人认为：实体零售业发展的春天即将来临。

1.4

未来没有线上、线下，只有全渠道

自从有了电子商务，20 年以来，线上和线下的关系一直是割裂的，甚至可以说是水火不相容的。线下的认为线上的那帮"打劫者"抢了他们的生意，线上的认为线下那帮人太不会玩了，不屑与之为伍。

原以为不是西风压倒东风就是东风压倒西风，彼此斗了 20 年，最后却发现谁也干不倒谁，于是大家想想还是握手言和吧，双方融合起来、不分彼此，这样，各自的优劣势得以互补，牵着手共同前进，不亦乐乎。

以前你问一个人是做什么的，他会说"我是在某某街开店的，我是做电子商务的"。未来这种概念就会越来越淡了，甚至消亡。因为对外的说法大家都是卖东西的、做零售的。开店的人也做线上的生意，做电子商务的也自己开了体验店或者跟实体店合作。这样一来，你说还怎么区分谁是线上，谁是线下的呢？

那么，线上、线下融合起来了，甚至又叠加了新的零售业态，这是不是就是我们所说的全渠道了呢？在这里首先需要明确一点：全渠道和多渠道是有区别的。多渠道是指多个销售和订单完成的渠道，它强调的是数量上的多；而全渠道则是消费者选取自身最便捷的模式获取商品，它强调的是消费者的体验和消费的便捷性。

也有人认为全渠道是多渠道的提升和完善。企业为了满足消费者多种购买的需求，结合实体、电子商务和移动电子商务渠道的方式销售商品或服务，让消费者享受无差别的购物体验。

全渠道也就是实体、电子商务和移动商务渠道线上与线下的融合：跟踪和分析消费者的购物数据，与消费者进行适当的互动，了解消费者的决策变化，为消费者提供个性化的建议，并在此基础上提升购物体验。

1.4.1　全渠道营销的关键要素

有的概念可能只是在名称上有所差异，比如我们所说的新零售，其实就是国外常说的全渠道零售（omni-channel retailing）。

全渠道零售，是指互联网和电子商务时代零售商通过各种渠道与消费者互动，将各种渠道整合成全渠道的一种体验。全渠道零售的概念由达雷尔·里格比（Darrell Rigby）在 2011 年《哈佛商业评论》中提出。全渠道营销包括 3 个关键要素，具体如下：

1. 双向销售，线上、线下同款同价

由于面临渠道分散、成本上升和利润空间压缩等困境，零售销售将从单向变为双向，也就是从单纯的线上或线下，变为线上、线下的整合互通。

2. 消费体验、订制服务、聚会交流成为门店的主要功能

营销从原来的规模化和标准化，转变为个性化的灵活定制。无论是在线上购物还是线下消费，消费者都希望能够快速地买到优质的商品，获得愉快的购物体验。

3. 将全渠道的数据进行打通，实现渠道融合

实体门店、电商、社交平台、CRM 会员系统打通，通过线上、线下整合，实现数据的共融互通，向消费者提供跨渠道的无缝化购物体验。

比如，苹果的产品会在线上直营店和线下的实体店进行同步销售，实现线上、线下同价。消费者可在实体店中使用产品，也可以通过专业的销售顾问获得全面的咨询服务。另外，苹果还会为消费者提供一些免费讲座，像青少年的 Apple 夏令营和 Field Trip 课外活动等。

1.4.2　渠道演变的 3 个时代

全渠道零售，是企业为了满足消费者多样化的购物需求，通过渠道整合的方式销售商品或服务，从而为消费者提供无差别的购物体验。零售业从诞生到全渠道零售，在渠道演变过程中经历了 3 个时代，具体如下：

1. 单渠道时代（1990—1999 年）

单渠道模式因为渠道单一，所以销售范围仅仅覆盖周边的顾客，而随着商铺租金的上涨、人力成本的上升，这一类零售店铺的利润相对变薄，甚至连生存都变成了非常困难的一件事。

2. 多渠道时代（2000—2011 年）

与单渠道时代相比，多渠道时代虽然在销售渠道上存在着优势，却也面临着一些问题，比如，销售渠道分散，管理成本较高；价格不同，服务有所差异，消费体验有着天壤之别。

3. 全渠道时代（2012 年开始）

零售企业开始重视顾客体验，实体店的地位弱化。零售企业通过尽可能多的零售渠道进行整合销售，以满足消费者多样化的购物体验。全渠道零售需要考虑售卖、娱乐、社交和客流等内容的变化，根据目标消费者进行营销定位，并在此基础上制定营销策略。

1.4.3　全渠道时代的 3 个特征

全渠道时代具有 3 个显著的特征，即全程、全面、全线，具体如下：

1. 全程

消费者从接触品牌到购买的整个过程中，包括寻找、对比、下单、体验和分享五个环节，企业需要在每个节点与消费者保持全程接触。

2. 全面

企业可以跟踪和分析消费者的购物数据，适时与消费者进行互动，了解消费者购物过程中的决策变化，为消费者提供个性化的建议，从而全面提升其购物体验。

3. 全线

销售渠道的发展从单一到多渠道，再到全线覆盖线上、线下的全渠道，渠道的覆盖范围变广，线上、线下的融合程度不断提高。

1.4.4　全渠道对企业的 3 种价值

全渠道对企业的价值主要体现在 3 个方面，具体如下：

1. 全渠道的消费者开始崛起

消费者的生活主张和购物方式都发生了明显的变化，他们希望可以为自己的消费做主，他们希望在任何时候、任何地点，通过任何方式，都能快速买到自己想要的商品。

2. 从"终端为王"变为"消费者为王"

零售企业的定位、渠道建设、服务流程和物流配送等都以消费者的需求和习惯为基础。以渠道建设为例，零售企业必须由实体渠道转变为全渠道，相应的流程建设、团队建设等都要适应全渠道系统。

3. 全渠道打破了时间的限制

渠道的整合不仅可以给企业带来新的销路，还能对企业的资源进行优化，让原有的渠道资源不必再进行投入。比如，通过线上、线下会员的一体化管理，会员的同一个 ID 可以在所有的渠道内通行，享受相关的所有服务。

　　对于零售企业来说，全渠道的精细化运营可谓至关重要。就像可口可乐一样，如果自身产品无处不在，那就成功了，但是，即便是可口可乐，现在也不能说做到了产品无处不在，更不用说普通的零售企业了。

1.5

新零售的本质是效率更高的零售

　　消费者的需求总是不断地在变化。面对这些变化，以往的零售形式，包括实体店和电商的零售效率已经不能满足不断变化的顾客需求了，所以零售必须要变革，才能达到更高的效率，而这也是新零售的意义所在。

　　所以新零售绝对不是为了取个新名词听着好听、听着时髦，而是因为新零售能够更好地推动传统零售往效率更高的方向发展。而从另一方面来说，零售企业也只有改变以往的零售效率，以新的高效率来应对，才能在这场新挑战中胜出。

　　那么传统零售的效率为什么低下呢？主要是由于一些传统的思维和做事方式影响了零售的效率，如果这些方面没有改观，即使用上再高超的新技术，改造出再漂亮的门店环境，或者用上小程序也成不了新零售。

　　效率变革是零售业升级的显著标志。更有效率的零售方式必定会取代低效率的零售模式，零售变革的基本规律就是高效率的新零售模式取代低效率的零售模式。高效率的零售企业终将打败低效率的零售企业。很显然，当前零售业已然进入了效率比拼的时代。

1.5.1　影响销售效率的 3 个因素

　　为什么说零售业进入了效率比拼的时代呢？这是因为新零售的本质是效率，效率低的企业在新零售的发展过程中必将被时代所淘汰。那么，又是什么影响了效率呢？笔者认为主要包括 3 个因素，具体如下：

　　1. 消费者需要更有效率的销售模式

　　消费者期望得到更多的关注，获得更多的交互，希望零售店能够针对自己的需求快速作出反应，实现所想即所得，快速获得想要的商品。这些需求变化，让以往的零售效率已经无法适应。零售企业要想满足消费者的需求，就必须努力提高自身的销售效率。

2. 新的竞争对手，通过效率发起挑战

无论是天猫还是京东，都在努力提升效率，不断优化销售过程。比如，天猫提出了一两个小时将产品交付给消费者的目标。近景零售模式、无人零售模式也处于不断探索中。零售企业只有提高自身销售效率才能应对挑战。

3. 互联网和新技术的发展促使销售效率发生改变

互联网正在改变全社会的效率，各种新技术也在不断地推动销售效率发生转变。零售企业必须看清环境的变化，运用互联网和各种新技术提高销售效率，这是零售企业发展的必经之路。

新零售从本质上是由新技术推动的。未来，数据将成为重要的生产资料，算法将变成重要的流水线，它们将取代钢铁和由电力驱动的生产线。这是新零售时代必然会出现的生产力变化。

未来将是智能化的时代，商业会建立在网络协同（即将传统线性结构重组成的开放网状协同）和数据智能（即通过算法对数据进行处理，通过机器进行决策）之上。比如，淘宝千人千面的个性化展现，就属于基于智能的机器推荐。

新零售的每一个环节，都应该建立在网络化和智能化的基础上，这个建设过程的时间长度不一，有可能是三五年，也可能需要更长的时间。零售企业面临的是一个行业的大变革，大家竞争的不只是现在，更是未来。与现在的局部胜利相比，未来的胜利更为重要。

1.5.2　新零售的 3 种推动作用

为什么现在零售企业都要努力地去做新零售？因为新零售对于零售具有推动力，这主要体现在 3 个方面，具体如下：

1. 供应链确立

传统零售是由生产商、供应商共同推动的"推式"供应链。在这种模式下，供需分离，对市场的反应往往不及时。新零售的重构使供应链变为消费需求拉动的"拉式"供应链。品牌商根据零售商提供的数据进行研发和生产，形成了以需求导向的供应链模式。

2. 实现按需生产

新零售通过消费数据分析，让"按需生产"成为可能。新零售克服了供需脱节、供需分离的弊端，企业可以根据目标消费者的需求组织生产，生产出市场需要的产品。

3. 发展定制生产

新零售使社会生产方式由大规模生产向柔性、灵活生产的方式变革，社会的生产方式变得精益化、柔性化和规模化。因为消费者需求的个性化，大规模的生产方式必然是无法满足独特需求的，这也让生产方式加速向柔性化、定制化和灵活化转变。

1.5.3　零售系统构建的 4 个重点

在消费升级的新零售时代，零售企业要想获得消费者的青睐，必须以消费者为中心，构建一套以消费者为中心的零售体系。在这其中，必然会出现一些颠覆当前零售理念和技术的新理念和新技术。

需要特别说明的是，新的零售体系应该是建立在提高效率的基础上的。也就是说，运用的新理念和新技术必须是对效率起到提高作用的。具体来说，零售系统的构建需重点围绕如下 4 个方面：

1. 更高效的顾客管理体系

如果顾客的数量减少，那么说明零售的效率已经出现了问题，而顾客管理体系的重构则成为首要的任务。在重构过程中，可能会颠覆当前零售企业与消费者的关系。零售企业需要由等待消费者光顾，变为主动连接、影响和营销消费者。

2. 更高效的商品管理体系

传统的零售商品体系是以商品管理为中心，这种模式的目的是为了管理的便利，却忽视了消费者的感受。而现在消费者追求的已经不仅仅是商品，更是一种生活方式。因此，商品品类的管理模式也应变为以消费者生活方式为中心的管理体系。

3. 更高效的供应链体系

现在快消品行业的供应链体系的效率是相对较低的。对厂家来说，这样的营销体系，已经不能适应市场需求的快速变化；对零售商来说，供应商与零售企业之间的关系已经不能满足市场的要求。所以，无论是厂家还是零售商，都需要通过模式重构构建快速反应的交付体系。

4. 更高效的企业运营体系

大部分零售企业采取的是一种总部集权、效率低下的强管理运营模式。这种模式无法适应市场的新变化，相当于变成了一种僵化的模式。在这种情况下，企业要想更高效地进行运营，就必须创建更高效的运营体系。

1.5.4 影响效率的 4 种思维方式

我们也必须认识到，目前影响零售效率的四种传统思维和方式，如果没有改观，用再多的新技术，改造再漂亮的门店环境，也成不了新零售。这 4 种影响零售效率的传统思维和方式具体如下：

1. 错误的导向规制

部门制、运动式、批示导向的错误规制，使得营销的环境受到影响，市场竞争的公平性和有序性缺失，企业的效率难以得到提升。

2. 企业的过分争夺

虽然市场尚处于整合期，但是大部分零售企业过分争夺产品、渠道和用户，这在耗费大量资源的同时，也降低了流通的效率。

3. 购物效率认识错误

通过网购，消费者动动手指，短短几分钟便可以完成下单，这让部分零售企业误以为用户的购物效率很高。其实许多用户都是比较贪心的，甚至都懒得去下单，这样一来，用户的购物效率往往会远远低于零售企业的预期。

4. 过分相信营销的力量

部分零售企业过分地相信营销的力量，却对效率的提升缺乏必要的管控，这使得效率无法从根本上得到提升。

有人认为随着土地价格的提升，零售业的运营变得越来越难了。在大城市中，过高的房价，让经营的成本大幅提高，获利的难度更大，这已经让中心城区很难再做大众化的零售业态了。

与此相对的，也有人认为只要运营的效率得到提升，店铺租金稍微高一点根本就不是问题。如果运营者能够通过一定的方式让销售额翻倍，那么即便面对较高的租金，也还是能获得不错的利润的。

因此，销售额的提高便成为零售企业的关注重点，而要提高销售额，又需要用效率的提升来做保障，所以，效率的提升便成为众多零售企业转型和未来发展的基本目标。

1.6

互联网巨头纷纷布局线下的背后

近年来，互联网巨头纷纷开始进行线下布局，这一节我们选取两个案例进行解读，看看它们背后的故事。

第一个案例是网易的实体店猪肉铺。2017 年 9 月网易全国首家实体猪肉铺正式开业，这家名为"网易味央"的猪肉铺营业面积不过十来平方米，服务的员工都是网易的员工，而产品则是以网易饲养的黑猪肉为主。图 1-4 所示为"网易味央"实体猪肉铺的店面相关情况。

图 1-4　"网易味央"实体店猪肉铺的店面情况

从包装上来看，网易的这家实体店铺中采用的是以 350 克为单位的固定规格盒装形式。网易认为这种小规格的盒装既可以节省称重时间，还能基本满足小家庭单次吃肉的需求。而在价格方面，该实体店铺中的肉价每 500 克为 30 ～ 50 元，比市面上的普通黑猪肉要略贵一些。

购买方式方面，主要可以分为两类。一是直接到线下的实体店进行购买；二是通过"网易味央"公众号或者"鲸选"App 进行下单，享受 3 千米距离内 1 小时送货上门的服务。

其实这并不是网易第一次在黑猪肉上下功夫。从 2013 年第一批的 100 多头猪出栏以后，网易黑猪肉便成为互联网大佬们聚餐的主要食材之一。而在 2016 年 11

月 25 日"黑五"这一天，网易黑猪肉在网易考拉上首次拍卖，一头黑猪便以近 11 万元的价格被拍下。

而网易对于黑猪肉的售卖也体现出了足够的重视，甚至连网易创始人、现任网易公司董事局主席兼首席执行官的丁磊也为"网易味央"进行了养猪众筹直播，图 1-5 所示为直播的相关介绍。

图 1-5 "网易味央"全民养猪众筹直播的相关介绍

第二个线下布局的案例是零食巨头百草味。作为一个电商零食巨头，百草味的"双 11"销售额曾在 2011 ～ 2016 年的短短几年间，从 50 万元提升至 2.52 亿元，增长了超过 500 倍，其增长速度可以说是呈指数级的。

在这种情况下，百草味 CEO 王强、CMO 王镜钥在 2017 年 4 月的公司年会上提出了一个目标：3 年后，年销售额达到 100 亿元！

不少人认为百草味的这个"小目标"难以实现，那么，百草味凭什么来实现这个"小目标"呢？百草味给出了这个问题的答案：百草味的五大变化赋予了未来发展足够的信心。下面就让我们来看看这五大变化。

1.6.1　再次开始反哺线下

2010 年百草味砍掉所有线下店，而 2017 年百草味则在提出新零售时代第一个小目标的同时，再次开始进行线下的反哺工作。"100 亿，还真的是个小目标。"百草味 CEO 王强在 2017 年年会上表示。

百草味的转型中最为人津津乐道的可能是 2010 年关掉线下的所有门店，转型做电商。虽然这在当时看来是一种冒险行为，但是事实证明，这个选择非常正确，百草味因此获得了飞速发展。

就在新零售风口来临之际，百草味在 2017 年做出了重回线下的决定，不仅进行了线下商超渠道的全面布局，还将"一城一店"计划提上了日程，再加上与"好想你"公司合并之后的优势互补，百草味的线上、线下融合也在加速进行。

1.6.2　用户成为决定因素

在用户日益重要的当下，用户甚至已经成为企业发展的决定因素。在这种情况下，通过大数据打通"泛用户"和"精准粉丝"之间的壁垒似乎已经势在必行。作为零食企业，百草味的新零售就是以用户为中心、以数据做驱动，构建"人—货—场"的消费路径，在这个过程中，作为"人"的用户成了决定性的因素。

那么如何让"泛用户"转变为"精准粉丝"呢？2017 年，百草味确定了 3 个方向，具体如下：

1. 极致服务消费者

构建极致的用户体验，让消费者在购物的每一个环节中的体验都得到优化。除此之外，通过大数据对用户进行精准画像，针对每一个环节进行服务升级。

2. 优化公司的运营

通过对公司的人事和组织构架进行升级，增加各部门之间的配合默契度，提高整体的运营效率。

3. 重构供应商关系

把双方之间的关系由单纯的"买卖关系"，转变成"亲密度合作合办关系"，从而构建起利益共同体。

百草味转变不仅有利于自身的发展，也有利于食品行业健康有序发展，为食品行业的未来创造更多的可能性。

1.6.3　思维转向注重产品

在此之前，百草味奉行的是"流量思维"，试图通过流量的获取促进产品的销售和企业的发展。而随着时代的发展，百草味开始将"流量思维"转变为"产品思维"。百草味 CEO 王强甚至针对"产品思维"做了三件大事：成立食品研究院，形成产品小组工作制，构建全新产品体系。

百草味认为在新零售时代，消费者对于产品的需求已不同以往，他们对食品的健康、新鲜和个性有了更高的要求，如果仅仅依靠流量平台的捆绑，获得的效果可能比较小。在这种情况下，新品的研发、创新的营销就成了必要的手段。

从 2017 年开始，百草味开始构建全新的产品体系，布局全零食发展的产品模式，打造一站式的购物平台。同时，百草味还通过产品小组工作制的运作方式，让各个部门更高效、更制度化地进行协同工作。

1.6.4　品牌定位再次升级

百草味的品牌定位将再次升级，全面提升产品和服务。从产品力上来看，百草味将采用全新的食品标准体系，让产品不仅健康，而且还很好吃。在体验和感受上，百草味通过建立专业的服务团队，打造惊喜化的客服体验，探索出更多的趣味生活方式。

品牌的定位离不开目标用户，而随着生活节奏和城市化进程的加快，年轻人对于城市表现出厌烦情绪，反而是类似于田园的生活更能获得这一群体的青睐。在这个个性表达日益突出的时代，消费者的衣食住行都产生了变化，而品牌要获得用户的青睐，就需要对自身的定位进行升级。

百草味 CMO 王镜钥认为："随着现代消费者的生活方式和追求的转变，越来越多的新兴消费模式正在挑战传统。很多小众食品品牌在吸引着年轻人或者是中产阶级的目光，他们有个性鲜明的品牌态度。"

1.6.5　企业使命驱动发展

"让更多人吃上健康的食品"是百草味的企业使命，CEO 王强认为：百草味本质上是一家使命驱动型公司。

这个企业使命支撑了百草味 15 年的发展，也让百草味成为全国领先的零食巨头企业。而新兴食品力量的崛起，也让市场的份额发生了一些变化，一些老牌食品企业的发展甚至开始面临挑战。

而百草味在高速发展中，于 2016 年换来了 2000 多万用户。也正是在这种新形势下，百草味提出了一个新的使命——"让更多的人吃上放心健康的食品"。虽然这与之前的企业使命仅仅只有几字之差，但变化是巨大的，意义也是完全不同的。

在百草味 CMO 王镜钥看来，"这个变化源于这个世界的改变，时代的变局让我们准备好了'做更伟大的事情'，也已经有能力可以支撑起这个'野心'"。

新零售时代已经到来，只是还未达到流行的程度。在过去几年间，百草味处于急剧成长和快速变化中。面向未来，百草味也在商业模式、运营管理系统、企业文化等方面进行升级，为未来做好充足的准备。

互联网巨头纷纷布局线下，其实就是线上、线下渠道的互相补充和相互融合。这并不是互联网大佬们一时冲动做出的决定，而是在新零售时代到来之际，经过分析后进行的积极尝试和探索。

新零售变革的
优先行动者

——

第 2 章

2.1

小米之家的鼠标加水泥战略

2.1.1　小米的"旗舰之作"

2018 年 7 月 9 日，创业八年的小米在港交所上市。小米的成功来自智能手机的换代潮，雷军正是借此创建了小米。腾讯科技在《中国手机往事》一文中，对雷军创办小米前后的故事进行了详细的讲述。小米无疑开启了一种成功的模式，带来了引爆了整个国产手机行业的一场革命。

随着小米的成功 IPO，外界关注的重点的不再是小米的估值和融资，而是产品、市场份额和股价。小米的宣传重点也不再是互联网思维，而是利润率、研发投入和"小米之家"的数量了。

2018 年 6 月 16 日，全球最大的小米之家旗舰店在南京开业，地址在江宁区景枫 KINGMO。这家店堪称小米新零售的"旗舰之作"，占地 700 多平方米，全无梁柱、通透明亮、颜值非常高，如图 2-1 所示。

图 2-1　南京小米之家旗舰店

店内产品品类为标准小米之家的两倍，店中不仅设置了儿童积术体验区、卧室和厨房间等场景化体验的空间，还通过"小米有品"专区的设立，为用户提供多样的生活类科技产品。

而在 5 月 25 日，小米旗下精品生活购物平台就在南京市的河西区落户，开设了第一家线下实体门店。小米也借此在小米之家后，开辟出自己的第二条线下实体店业态。

该门店中不仅有小米和米家商城的产品，更为一些第三方品牌提供了售卖展位。其陈列的商品包含 3 000 个小米有品线上销售的产品，涉及出行、家居、智能和家电等 15 种商品品类。

除了丰富的产品之外，小米有品在店内设计上也很用心。场景化的设计，将店内按照生活功能进行划分，在拉近与用户之间的距离、增强用户体验感的同时，还用 VR 显示屏等"黑科技"，为用户带来了许多惊喜。

其实，小米很早便开始了线上、线下结合的零售模式，小米不仅拥有自己的官网，线下也通过小米之家为消费者的购物提供了便利。而标准化、可复制的门店管理模式，也曾帮助小米在两年时间内迅速铺开 300 家门店。

雷军曾表示，将用 3 年时间在国内开设 1 000 家线下门店。届时，销售额预计将超过 100 亿美元。小米之所以大力进行线下布局，主要有 4 个客观原因，具体如下：

1. 线上渠道饱和

线上的饱和，让小米的发展遇到了阻力，加上竞争对手的线下布局获得了不俗的效果，让小米认识到要想突破发展瓶颈，还得将线上和线下进行结合。而要做到结合，小米必须加快线下实体店的铺设。

2. 产品体验增强

评价产品好坏的重要依据之一就是体验。特别在同质化严重的手机行业，只有通过创新增强体验，才能让用户发现它的与众不同。

3. 品牌认知加强

小米是一个具有较高知名度和影响力的品牌，却有许多人没有见到过小米的实体店。而且实体店作为一种广告载体，还能增强用户的黏性，提高品牌认知度。

4. 带来一个"家"

小米的实体店都是直营模式，它通过氛围的创造，可以让到店的用户拥有良好的体验，借助品牌理念与用户的共鸣，让用户拥有"家"的感觉。

2.1.2 小米之家的成功要素

雷军认为小米之家的成功主要来自三个方面："一是爆品，没有爆品不能制造流量。二是产品组合，没有产品组合，吸引不了逛店的人。三是小米品牌和服务理念。"

他还认为，小米之家的优势就在于通过互联网将市场、营销、渠道、店面成本进行了重构，具体如下：

1. 市场成本重构

在创业的前三年，小米通过在线上销售，将市场费用全部拿掉，可以说是没有市场费用的。

2. 营销成本重构

借助互联网的口碑营销和新媒体营销，让用户喜欢自己的产品，并让用户充当小米产品的宣传员，将小米的产品分享给周围的人，这让小米的营销成本几乎为零。

3. 渠道成本重构

传统商业中，渠道成本和零售业成本会达到总成本的 30% ～ 40%，而小米借助前店后厂的销售模式，将做出来的产品直接进行销售，库存基本为零，甚至还经常出现供不应求的情况，这也让小米的渠道成本接近于零。

4. 店面成本重构

店面成本方面，小米初期都是在线上进行产品销售，所以一款产品做出来的成本是 2 000 元，那么便可以任性地将产品定价为 2 000，而不用考虑店面成本。

雷军认为，除了企业成本之外，中国社会现在急切需要解决的问题就是如何提高效率。而在整个效率改善的过程中，互联网是一种非常有效的工具，小米就是其中的一个受益品牌。

仔细留意过小米之家的人，会发现一个非常有趣的现象：小米之家基本上不会开设在华为、OPPO 和 vivo 等竞争对手的门店旁边，也不会像苹果一样在商圈的核心店面中布局。

小米联合创始人林斌在阐述小米之家的选址策略时表示："小米的用户和优衣库、星巴克、无印良品的用户高度重合，所以，小米确定了和优衣库、星巴克、无印良品对标开店的选址策略。"

这种选址策略，一方面是因为小米想摆脱"低端机"的标签，通过在这些位置选址开店提升品牌的调性；另一方面是因为优衣库、星巴克和无印良品所在的位置，通常来说都是商圈中人流比较密集的地方，这为小米坪效（即每平方米产出的营业额）提供了有效的支撑。

雷军认为，新零售就是爆款转化，即"口碑＋销售额＝效率"，他希望通过线下布局和线上服务，让用户在小米之家可以像在平价超市那样快速完成产品的购买。

2.2

三只松鼠的"投食店"和"松鼠城"

2.2.1 三只松鼠与"投食店"

三只松鼠是 2012 年 2 月创立的电商品牌，上线 7 天就完成 1000 单的销售；从第一单到日销售 1000 单，三只松鼠只用了 63 天，创电商发展速度的奇迹；上线的第 65 天，在天猫坚果类目销售跃居第 1 名；第一次参加"双 11"大促，销售额便达到 766 万元，创造了天猫食品行业单店日销售额的最高纪录。

2013 年 1 月 31 日，三只松鼠月销售额突破 2200 万元，成为全网第一；2013 年 12 月 12 日，日销售额达到 2020 万元，顺利成为全网食品销售冠军；2013 年 12 月 27 日，全网年销售突破 3 亿元……这些数据都是三只松鼠一路走来的荣耀。

品牌创立之初，三只松鼠就拿到了 150 万美元的投资，这其中的大部分都被用来购买淘宝的直通车、搜索广告位、参加聚划算等活动，这种疯狂的推广虽然花费了大量成本，但也大大提高了三只松鼠的曝光量，让许多人开始认识三只松鼠这个新兴的零食品牌。

客服，是三只松鼠的一大优势所在。"亲"是淘宝创造的一种称谓，而三只松鼠则以松鼠的口吻，创造了"主人"这种称谓。三只松鼠把所有的客户都称为"主人"，这一方面让消费者获得了一定的满足感，另一方面也将三只松鼠的形象进一步得到强化。

为了强化服务，三只松鼠创始人兼 CEO 章燎原甚至亲自上阵进行示范。除此之外，消费者还可以在不满意的情况下，无条件退货，即便食品已经被食用了一部分。这一举动让三只松鼠在消费者心中树立起一个负责任的品牌形象。

除了服务之外，质量也是品牌塑造的一个重要组成部分，而三只松鼠对于质量也是非常注重的。不仅自建检测基地，而且一年的监测数量甚至达到了 40 次，而国家规定的年检次数是 2 次。

三只松鼠是一个很容易给人留下深刻印象的品牌，只要你看过它一眼，便会将其牢牢记住。这主要是因为它在自己产品的袋子上印有鼠小贱、鼠小酷、鼠小美这三只松鼠的形象，这就很容易与"三只松鼠"这个品牌名称挂上钩。图 2-2 所示为该品牌的包装袋。

图 2-2　三只松鼠的包装袋

可以看到，三只松鼠的包装袋，无论是松鼠的形象还是包装袋的外观，都是比较可爱的。但是，一种产品之所以能够打动消费者，不能仅依靠客服和包装，而应该在产品本身下功夫。

三只松鼠通过对原材料的严格选择和高频率的监测，从一定程度上保证了产品的质量。除此之外，在细节上也下了很多功夫。比如，当购买量较大时，在包装箱中会赠送开箱器、果壳袋和湿巾等，而这些共同构成了良好的购物和食用体验，让三只松鼠在用户心目中留下良好的口碑。

三只松鼠的主要消费群体为学生和刚走上工作岗位的人，随着"80后""90后"消费能力的提升，三只松鼠的销售额呈现逐年增长的趋势。2016 年三只松鼠年销售额突破 55 亿元，就在此时，三只松鼠喊出"三年开店 1 000 家"的口号，开始大力在线下进行布局。

2016 年 9 月 30 日，三只松鼠第一家以"三只松鼠投食店"命名的线下实体店在芜湖开业，其第一个月的销售额便达到了 240 万元。随后，三只松鼠开始了线下实体店的铺设，到 2018 年年底，"三只松鼠投食店"的数量接近 50 家。

2017 年 10 月，一个主打 2.5 次元的店铺在芜湖开业，在该店铺中通过 LED 显示屏的使用，让三只松鼠的形象随处可见，在整个店铺中呈现动态的鲜明形象。该店中有一棵大松树，上面坐着一个松鼠，而松鼠的后面则是一个 K 歌台，消费者在里面 K 歌还能获得零食。不仅如此，店中还有奶盖、果茶和沙冰等供消费者享用。

图 2-3 所示为该店一角的布局情况。

图 2-3　芜湖三只松鼠投食店

为什么三只松鼠要将自己的店铺称为"投食店"呢？"投食"其实是一种古语，它是指相爱的两人互相喂食，具体来说，喂食的对象包括伴侣、子女、长辈等。而三只松鼠则是借此表达"为主人带来爱与快乐！"的品牌使命。

近几年电商的飞速发展，让人觉得线下的实体店快要被线上的电商冲垮了，而事实并非如此，至少从"三只松鼠投食店"的发展情况来看，线下店铺仍有着不错的发展前景。

以芜湖开设的第一家三只松鼠投食店为例，其在开业的一年时间内，销售总额超过了 1 200 万元，年进店人数超过 300 万，而店铺的月坪效则超过了 8 000 元 / 平方米，其发展前景可见一斑。看到这里，可能部分人会有疑问：同样是实体店，三只松鼠为什么会这么突出呢？

其实，如果仔细观察的话，便会发现三只松鼠的与众不同。三只松鼠的武广店店面面积达到 300 平方米，其他的店铺基本上也都达到了这种规模，而三只松鼠也是第一家将线下店铺的规模开得这么大的零食品牌。

这么大的店面，难道都是用来卖零食的吗？其实，在三只松鼠线下实体店中只有 1/3 左右是用来陈列和展示产品的，另外的 2/3，其中的一半用来为消费者提供奶茶和一些轻食，剩下的一半则是放置周边产品，让消费者可以更好地在店铺内进行互动。

在产品价签的设置上，三只松鼠投食店也与传统的价签有所差异。传统价签通常是手写或打印的，这种价签的缺陷就是价格变化时要进行修改，比较麻烦。而三只松鼠投食店则采用电子价签,当线上价格出现变动时,线下门店借助电纸墨水技术能在一分钟内将价格调整过来。

三只松鼠投食店中价签技术的使用,不仅实现了线下、线上同款同价,节省改动价签的时间,提高了店铺的运营管理效率,还节省了价签纸资源。而三只松鼠投食店中的价签技术也是新零售的一种趋势,三只松鼠成为走在行业前列的品牌。

另外,在店铺的装修风格上,三只松鼠投食店中会运用树木和一些小动物,将整个店铺打造成一个森林,将三只松鼠的虚拟品牌形象,通过店铺的装修呈现给广大消费者。

许多人认为线上、线下的打通就是 O2O 模式,而三只松鼠创始人兼 CEO 章燎原则认为:"O2O 的核心在于线上和线下如何互动起来,过去的 O2O 强调功能性,即线上下单、线下配送或提货,这是物流形成的 O2O。而三只松鼠的 O2O 是基于品牌的 O2O,当品牌在线上产生销售功能以后,品牌在线下存在的使命就是展示和体验。"

"我们对线上、线下的理解非常清晰,销售功能由线上解决,到线下来就是体验功能,如果哪个品牌还到线下去卖东西,我认为是退步。"章燎原不愿意将线下店叫作实体店或体验店,所以将其命名为"投食店"。他认为,线下店不应只是实现买卖功能,还要强调体验和互动,进一步增强消费者的黏性。

在选址方面,三只松鼠的规划是每个城市只开一家店,而且重点选择在网购不太发达的三四线城市。三只松鼠创始人兼 CEO 章燎原认为:"我们觉得一个城市只要达到 50 万人口就没问题,重点看这座城市的商业氛围是否形成了相对的城市中心,而一线城市的中心太多了。体验式消费做得好,始终会有人光顾,加上我们每个城市的会员基数,这个店开起来对我们而言很容易。"

2.2.2　开拓"投食店"的原因

可能有的人始终无法理解,三只松鼠作为成功的线上零食品牌,为什么要选择在线下大力开拓"投食店",其实主要有 3 个原因,具体如下:

1. 线下可以起到向线上引流的作用

线下店对体验的注重,对增加转化率和向线上引流具有重要作用。电商的快速发展,让市场越发成熟,线上获客遇到瓶颈时,通过线下实体店向线上引流不失为一种不错的选择。

2. 线下是"新零售"的重要环节

未来的零售趋势将会是通过技术和大数据打通和整合线上、线下，线下将成为"新零售"的重要环节，而且虽然消费者在线下的购买习惯与线上不同，但购物能像线上一样便捷。

3. 线下代理是渠道下沉的重要连接点

目前一二线城市市场已趋饱和，但是三四线城市仍是一片蓝海。而线下店则成了三四线城市渠道下沉的重要连接点。

互联网的发展让 IP 化的力量越发凸显，而三只松鼠也一直致力于品牌 IP 的打造。一方面，三只松鼠的娱乐化文化让消费者牢牢记住了这个品牌。另一方面，线下"投食店"的店面装修，在展示三只松鼠形象的同时，也对品牌 IP 的建设起到了很好的强化作用。

时至今日，三只松鼠已然不只是一个"淘品牌"，它作为一个线上发展起来的品牌，逐渐走向线下，品牌形象变得更加丰满和立体，而其品牌 IP 也将跨至更多领域。借用三只松鼠创始人兼 CEO 章燎原的话："消费者在哪里，三只松鼠就在哪里。"

2.3

新零售先行者永辉"超级物种"

从平民化的民生超市，到引领精致生活的行业风向标，永辉借助独特的赛马制度，在十余年间不断地自我突破，孵化出新业态。而"超级物种"则是永辉在突破自身和顺应商业新趋势下的一种产物。

"超级物种"是由永辉旗下的永辉云创打造的线下实体零食店，图 2-4 所示为超级物种的店面情况。

永辉云创于 2015 年 6 月创立，主要负责永辉的电商会员探索和创新业务，致力于新业态的孵化。2017 年 1 月永辉和今日资本一起增资永辉云创，超级物种在资金支持下顺势建设和发展。

其实在超级物种之前，永辉超市便开始了线下新业态的探索，由此诞生了"红标店""绿标店""精标店"和"会员店"这 4 种业态。

红标店以卖场的形式建设而成，商品种类丰富，并且价格比较实惠；但是，随着消费者对体验、服务以及购物环境要求的提高，红标店已难以适应消费者的需求，在这种情况下，绿标店应运而生。

图 2-4　超级物种的店面情况

目前永辉新开的门店以绿标店为主，而原本的红标店则通过门店升级进行"红改绿"的改造。而在商超产品日益同质化的情况下，永辉开始寻求差异化，因此在绿标店的基础上再次进行升级，打造出精标店。

精标店在锁定中高端消费者的同时，进行孵化工坊系列的尝试，探索出"超市＋餐饮"和 OAO 模式（即线下和线上有机融合的"双店"经营模式，进行线上、线下的资源互通、信息互联和相互增值）。

在 OAO 模式的探索过程中，永辉于 2015 年 11 月开设了第一家会员店。会员店主要设置于中高端的社区，通过将线下的会员引到线上消费，从而满足会员的到家服务需求。图 2-5 所示为永辉会员体验店的店面情况。

图 2-5　永辉会员体验店的店面情况

增强消费者的黏性，一直以来都是永辉的努力方向，而超级物种则是为了增强消费者黏性的一种创造。因此，超级物种也被视为永辉对于增强消费者黏性给出的一个答案。

2017年1月1日，首家超级物种在福州"登陆"，该店营业面积达500平方米，单品数量超过1 000种，汇集了包括鲑鱼工坊、波龙工坊、盒牛工坊、麦子工坊、咏悦汇、生活厨房、健康生活有机馆和静候花开花艺馆在内的八大物种，消费者在购物时可以选择多种方式进行支付。

2.3.1 "超级物种"的全新购物体验

超级物种是在精标店的基础上进行的升级和工坊系列组合，它在提供多样化优质商品的同时，打造现代化的舒适购物空间，从而满足消费者的多样化和互动性需求。超级物种通过前端科技的运用，为消费者带来了全新的购物体验，具体如下：

1.电子标签

店内商品使用的是与kindle电子墨水技术相同的电子标签，而标签中的内容可以随时进行快速更改，这不仅能实现同步促销，更节省了更换标签造成的人力耗费。而且配合ERP系统，还可随时查看库存变化。因此，电子标签的使用既十分环保，也有利于店面运营效率的提升。

2.电子叫号

在"超级物种"的餐饮门店中使用电子叫号器。消费者选择商品并付款，便会获得一个电子叫号器。当食物做好之后，电子叫号器会发出提醒，消费者只需去门店取餐即可。这样一来，消费者在点餐完成之后，便可以去做其他事情，想走就走，省去了一味等待的麻烦。

3.自动收银

"超级物种"中不仅有人工结账窗口，还设有自助收银机。消费者只需将商品的条形码对准自助收银机的扫描区，便可以完成扫码工作。扫码完成后，还可选择永辉卡、银行卡、微信和支付宝等多种支付方式。整个自助结账操作简单、方便快捷、流程清晰，可为消费者节省等候结账的时间。

从一些细节中可以看出"超级物种"在运营管理方面的创新和人性化。比如，消费者在购买鲜活产品时，觉得宰杀后随意丢弃会给水产带来一些损耗，"超级物种"针对这一点，便在卖场外设置了宰杀间，让专门的人员进行鲜活产品的剖杀，且不再收取费用。这不仅满足了消费者的需求，也降低了商品的人为损耗。

2.3.2　"超级物种"在生鲜方面的亮点

超级物种对生鲜方面极为重视，其在生鲜方面的亮点主要体现在 3 个方面，具体如下：

1. 专业的源头直采

永辉拥有一个 130 人左右的采购团队，他们通过专业分工且细致的采购，挑选不同的生鲜类别，为生鲜商品的价格优势提供了保障，这也是永辉生鲜模式中最为突出的一大亮点。

2. 全品类自营模式

永辉的自营不只是自采自销，对于有技术要求的类别，如熟食、面点等，它会采取技术加盟的形式优化资源。通过专业的技术团队，以按销售扣点的方式来支付工资，弥补自身技术的不足，而原料采购、价格制定、库存管理则均自行完成。在确保采购优势的前提下，灵活地实现了资源的整合，这成为永辉生鲜模式的第二个亮点。

3. 完整的人员配备

通过严谨的现场管理，永辉的每个员工都在自己的岗位上充分发挥自身能力，通过优质服务，为卖场带来火热的售卖氛围，这也构成了永辉生鲜模式的第三个亮点。

超级物种之所以受到广泛的关注，主要就是因为它和盒马鲜生一样，都是新零售时代下，线上和线下融合的一种可行性探索。当然，除了新奇之外，高坪效也是超级物种吸睛的重要因素之一。

从海通证券 2017 年 9 月的一份报告来看，最早开业的两家超级物种日均销售额为 10 万～ 25 万元，而坪效则达到了传统超市的 3 ～ 5 倍。超级物种的负责人则表示"这个数据低了"，超级物种销售情况最好的店日均客流为 6 000 ～ 7 000 人，客单价为 90 ～ 150 元，高峰期一天的销售额超过 60 万元。

在线下成本日益提高的情况下，超级物种代表了传统超市的一个革新方向。至少从目前来看，永辉认为超级物种的模式将是未来零售业的一条出路。

2.4

苏宁极物与天虹 sp@ce

2.4.1 苏宁极物

第一家"苏宁极物"于 2018 年 3 月 23 日在南京新街口淮海路开业。这家营业面积达 400 平方米的苏宁极物分为上下两层，产品包含手机、家电、美妆和家居等多个品类。其设计非常简单、舒适，四周采用的都是落地窗设计，玻璃旁边设置了一排吧台。图 2-6 所示为该店铺的店面情况。

图 2-6　南京苏宁极物的店面情况

苏宁极物把品质生活的概念融入商品当中，来店购物就相当于对品质生活的一次体验。沉浸式的购物体验，让苏宁极物快速走进了消费者的心中。

能否吸引消费者进行消费是一个零售店铺是否能够获得持续性发展的决定性因素。而苏宁极物之所以能够获得消费者的持续光顾，主要还是在 3 个方面做出了特色，具体如下：

1. 简约的设计风格

苏宁极物的店面设计对细节非常执着。比如，选用 2 毫米厚、2 厘米宽的不锈钢管，通过焊接、整体烤漆，营造出星光点点的顶面效果；为了制造柔和的灯光效果、营造舒适的环境，苏宁极物定制了五面亚光、一面亮光的亚克力塞头；开放的空间设计，则让人觉得轻松自在，如在家中。

2. 关注商品自身情况

消费者购物最重要的还是看商品自身的相关情况。苏宁极物在商品的选择上，比较注重外观，像戴森吹风机、珐琅锅和德龙电水壶等商品，光是看着就让人有购物消费的冲动。而在价格方面，虽然与线上会有所差异，但是因为打折而有一定的优惠。

3. 新奇的机械臂咖啡

苏宁极物旁边有 24 小时机械臂咖啡，其运用机械臂可以严格把控咖啡制作的手法和时机，保证咖啡的香醇可口。通过自助选择，消费者最快只需 45 秒，便可以喝上咖啡。在购物的空当，喝上一杯咖啡，是不是想想都觉得很美好呢？

2.4.2　天虹 sp@ce

首家"天虹 sp@ce"于 2017 年 1 月在深圳华强北开业，这是一家从天虹超市转型升级而来，以"life-style"（生活方式）为立意，希望与消费者共创"natural lifestyle"（自然的生活方式）的"都会生活超市"。图 2-7 所示为该超市的入口。

图 2-7　深圳天虹 sp@ce 的入口

作为天虹在新零售方面的一大变革，天虹 sp@ce 已经获得初步成功。探索其成功的原因便不难发现其包含的一些特点，这主要体现在 5 个方面，具体如下：

1. 以用户需求为导向

天虹 sp@ce 改变以商品群为导向的固有售卖思维，通过生活区块场景来设计消费者的活动线。如从冰箱到厨房到餐桌再到客厅，又如从即食食品到半成品再到新鲜食材，以消费者的需求为导向来打造都会生活空间。

2. 合理的商品结构

天虹 sp@ce 根据"国产知名商品＋国际化、年轻化、有机健康商品"的标准，以及定价合理的路线来组织商品结构。在深圳天虹 sp@ce 开业时上架的商品便包括了 6 000 多种进口商品和 500 多种有机商品。

3. 引进国外美食

天虹 sp@ce 把餐厅"搬"进超市，引进了日本料理、意式比萨等外国特色美食，满足了都市消费者对美食多样化、便利化的需求。

4. 注重价值和体验

天虹 sp@ce 非常注重价值和体验，在店中的每个区域均设置了产品试吃、产品故事和使用方法的体验区。除此之外，"体验厨房"还提供美食课堂培训和食材加工服务。

5. 线上、线下的融合

天虹 sp@ce 采取的是线上、线下融合互通的销售方式，线上通过"天虹到家"满足消费者的线上购买需求，将门店商品在两小时内送到消费者手中；线下支持手机自助买单功能，消费者只需用手机扫描商品并支付，即可完成购买，节省了排队结账的时间。

2.5

世纪联华·鲸选与百联 RISO

2.5.1　世纪联华·鲸选

2017 年 8 月，第一家"世纪联华·鲸选"在杭州西湖文化广场开业，其营业面积达 2 万平方米。世纪联华·鲸选以大卖场的形式将数十个专业品类店进行呈现，涉及购物、家庭、娱乐和社交等多种类别的消费；另外，消费者通过线上下单，还可享受周边 3 千米订单 1 小时内送达的服务。图 2-8 所示为世纪联华·鲸选的入口。

世纪联华·鲸选作为世纪联华面向未来的新零售业态，其定位为围绕"鲸选"App，满足年轻消费者购物、餐饮、娱乐的一站式需求的一个大卖场。与普通卖场不同，作为新零售时代的范本，世纪联华·鲸选有着它显著的特点，这主要体现在 5 个方面，具体如下：

图 2-8 世纪联华·鲸选的入口

1. 区域化运营

世纪联华·鲸选根据商品的品类，将卖场规划为一个个独立区域，如卖居家产品的"优品生活"、卖母婴用品的"妙喵城"和卖糖果的"Sweet Word"等。就连餐饮区域也按照品类进行细分，并设置不同的美食体验区。

2. 融入科技和娱乐

世纪联华·鲸选在商品的选择上，将大卖场滞销的商品淘汰，增加年轻消费群体喜欢的潮流品牌、网红品牌等。比如，天猫销量排名前十、海淘热门的美妆品牌，进口的糖果、薯片和饼干。虽然这些闪购是否符合市场需求还有待观察，但是通过定位、数据和市场调查调整品牌和产品的策略，还是值得借鉴的。

3. 灵活的商品选择

世纪联华·鲸选采用的是"门店仓＋前置仓"仓储模式，拣货效率得到了大幅提高。"门店仓"是指线上订单直接在卖场中完成拣货；"门店仓"是指将高销量的"爆品"统一放置在配送中心。除此之外，门店内还设有多个"暂存点"，用以进行非高频线上订单和第三方外送平台订单货品的放置。

4. 后端效率提升

世纪联华·鲸选由第三方提供中台服务，而不是打造自己的后端系统。"中台"系统实现了 3 个功能：一是集合多个线上渠道的流量；二是提供拣货和配送方案；

三是打通会员和营销系统。

5.注重堂食比重

世纪联华·鲸选的堂食比重呈现逐步提升的趋势，当然，它也不是只做餐饮。鲸选项目负责人表示自己从来就不是在做餐饮，只是将超市中原有的一些档口进行了升级。这也就是提供社交场景，通过社交属性、体验感和品质感，更好地吸引年轻消费群体。

2.5.2 百联RISO

首家"百联RISO"于2017年6月在上海陆家嘴商圈开业，其经营面积为3 200平方米。作为百联孵化的项目，它被百联称为"新零售发现店"。这个3 200平方米的店分为上下两层，一层是提供海鲜、肉食和蔬菜等生鲜产品；二层是特色餐饮档口、进口商品货柜和漂流书吧。图2-9所示为百联RISO的入口。

图2-9　百联RISO的入口

"RISO"在意大利语中是"大米"的意思，而百联则将店名解释为"愿以'一粒米'的尺度去丈量食物的安全，忠于本味，回归初心，带给你美食的本味，生活的趣味与人情味"。

百联RISO作为百联的零售变革尝试，也有着自身的显著特点。这主要表现在6个方面，具体如下：

1.多种业态相融合

百联RISO非常注重业态的融合，比如，空间与场景的融合，轻食与品质的融合，线上与线下的融合等。它将餐厅、花店和书吧等融入门店，满足消费者的购物、就餐和看书等需求，相关负责人表示未来还将融入更多业态。

2. 线上、线下一体化

百联 RISO 线下店以向消费者提供体验服务为支撑，通过门店和线上商品库存打通，连接会员，从而为门店周边 3 千米的消费者提供到家配送服务。

3. 定位中高端市场

第一家百联 RISO 包含了 3 000 多个 SKU（库存量单位，即库存进出计量的基本单元），其中 60% 为进口的中高档商品。其目标消费群体为中高端客户，与百联会员的高端人群高度吻合，而门店的位置也选择在具有较高消费力的高端白领聚集区。

4. 突出场景化消费

百联 RISO 在布局上突出场景化，消费者可以将食材带回家，也可以在现场进行加工。鲜肉冷藏柜旁还设有酒类柜台，用以刺激消费者进行连带消费。同时，门店在减少货架的基础上，增加了体验区的面积。

5. 打通多条业务线

百联 RISO 与百联旗下的多条业务线打通，进口商品与百联全球购公司协同，其他的协同资源则包括联华超市的 250 多个农产品直采基地。除此之外，"百联 RISO" App 还与"i 百联"实现了会员通、支付通和营销通。

6. 多业态间的联动

首家百联 RISO 是百联基于过去做的新零售尝试，是新零售的 1.0 版本。随后，百联 RISO 通过调整升级到 2.0 版本，进行多业态店联动。除了首家店面之外，还将针对社区、商务楼等推出 Fresh 店、街区 Block 店、Easy 店等形态，进行商务、住宅区的多方联动。

2.6
百安居的新零售布局

百安居是一个国际知名的建材零售和装修服务提供商。1999 年百安居在中国上海开设了旗舰店，这也是它在中国开设的第一家店铺。进入国内市场的 19 年间，百安居已在北京、上海、广州和深圳等 50 多个城市设立了百余家门店，并通过提供包括 18 大类、233 个家装品牌的 2 万多种优质建材商品，一站式地解决各类装修问题。

百安居早在 2015 年便开始了线上、线下的多种业务模式的探索。它发现相对于街上发广告等传统的引流方式，线上的开拓更容易降低获客难度，获得精准的客户，降低获客的成本。另外，百安居也明白线下前台渠道和后台服务的不可替代性，在线下不断地进行服务和体验的升级。

对此，百安居确定了以消费者为中心，利用线上、线下优势，通过全渠道触达和服务消费者，提高家装购物体验的"全渠道新零售模式"。这种新零售模式在营销、服务、体验等方面重点进行线上、线下的深度融合。

2017 年百安居开始进入家居新零售时代，推出"百安居 B&T home"新零售家居智慧门店。在店铺中将人脸识别、360° 全景复刻和 VR、AR 等技术应用到操作系统中，打造 6 种设计风格迥异的整体样板间和局部样板间，还设置了各类休闲区域和商品体验点，打造所见即所得的真实场景化卖场。图 2-10 所示为"百安居 B&T home"的外部情况图。

图 2-10　"百安居 B&T home"的外部情况图

2.6.1　百安居的线下布局

新零售时代的到来，使得传统零售业的革新迫在眉睫，这种新零售的浪潮也席卷了家居行业。作为家居行业的领先品牌，百家居一直在思考如何通过上下联动，抢占新零售的先机。

在新零售的浪潮之下，百安居开始了多业态的线下战略布局，具体来说其布局主要可分为 3 个方面：

1. 智慧门店

凭借多年积累的经验和品牌蓄能，百安居抓住新零售时代发展的脉络，自 2017 年 11 月以来，在全国多地陆续推出百安居 B&T home。甚至在 2018 年 7 月，在北京、上海、广州、深圳、东莞、无锡、重庆、杭州这 8 座城市同期开设了 9 家智慧门店。

另外，百安居通过人工智能、黑科技、大数据和物联网等创新技术的运用，将"人、货、场"进行有机融合，借助智能科技为线下实体店的体验升级赋能，在刷新购物体验的同时，实现家居行业的转型。

2. 家装工作室

依托旗舰店，百安居在周边 200 千米内设置家装体验中心，对店面进行延伸。与旗舰店相比，家装工作室投入成本低、人员配备少、线上和线下同步引流，承担起接待洽谈、工艺展示、套餐样板间的展示和部分材料展示的功能，满足了消费者多样化的家装需求。

3. 共享家居馆

百安居在全国建立了 S2b 供应链服务平台，更设立了共享家居门店。对于上游供应商，百安居整合多家品牌商，提供统一采购、区域存储等服务。对于下游，百安居整合中小型装饰公司、施工和设计公司，通过完整的服务链，提升整体效率，并在此基础上为消费者提供高性价比的产品和服务。

2.6.2 百安居的功能和建设规划

为了促进智慧门店、共享家居和家装工作室业务的发展，百安居基于全渠道需求，打造了一个供应链和服务链相结合的全国型家居物流体系，并以全链条一体化为目标，对功能和建设进行了规划。具体来说，百安居的功能和建设规划主要包括如下 4 个方面：

1. 一体化服务客户

百安居为包括生产商、品牌商和流通商等在内的内外部企业，提供了生产、加工、定制和分销等服务，建立起一体化的全程供应链。

2. 一站式服务客户

百家居为消费人群提供一站式家居服务。其建立的全链条服务体系，目前已在 17 个核心城市配备直属施工安装团队，在 50 个城市设置家居直营安装团队，在 200 个地级市建立城市服务站，县级服务网络也在努力覆盖。

3. 网络化物流体系

百家居以各级物流中心为核心，建立覆盖城乡家居的 LC 体系，打通上行下行通道。目前百安居已经在全国主要省市的物流实现了覆盖，设置起包括 3 大中央物流中心、9 个城市中转配送中心、17 个城市全渠道配送、38 家门店仓中转站和 114 条专业高效干线在内的全国物流网络。

4. 智慧化信息系统

百安居基于多年的实践经验，为家居产业链中的参与者和组织者提供了配套的信息系统，在实现供应链信息透明的同时，对系统构架进行了灵活的部署。比如，百安居的微装平台，可以迅速整合社会化的服务资源，通过各模块实现商家的订单全周期管理。

借助百安居 B&T home，百安居用自己的行动对新零售进行了探索，不仅改变了传统的零售模式，而且还原了真实的生活场景，增强了消费者的互动性和体验感，打造了一个多功能的家居综合平台。

实体零售业升级
新零售的路径
——

第 3 章

3.1

新零售并非所有实体店的春天

3.1.1 实体零售店的困局

线上体验创新不足、高端商品消费力缺失、竞争持续加剧等问题的日益突出，迫使许多电商企业都将线下开店作为一个突破点。新零售时代的到来，让一味守旧的传统实体店，逐渐被新一代的消费者所淘汰，所以新零售并不是所有实体店的春天。那么，实体店是如何走到这一步的呢？笔者认为主要有以下 5 个原因：

1.一味地照搬模式

许多人有一个习惯，就是看别人怎么做或别人做得好了就进行借鉴。也正因如此，线下的实体店在装修和布局上同质化严重。这样的做法，让店铺完全没有了特色，消费者觉得在哪里都一样，黏性自然也就不会太高。

2.忽视消费者的需求

大部分零售店都有这样一个特点：看到消费者进来之后，就将自己最想卖的商品推荐给他（她）。这种忽视消费者真实需求的做法，往往会让消费者反感，即便这一次听了你的话，下一次很可能就不会再来了。

3.缺乏提篮数的考虑

提篮数，简单地理解，就是每个消费者平均购买的商品数量，比如 10 个用户一共购买了 30 件商品，那么提篮数就是 3。在现实生活中，许多实体店往往只注重客单价，而忽略了提篮数。

这样做的结果就是店铺想卖的、利润高的商品销量高，而能提升人气和增加黏性的基础类商品则销量较低。消费者觉得买的东西有些划不来，买完后就对店铺留下了不好的印象。

4.缺乏有效的促销

电商对市场的争夺，让本来就竞争激烈的零售市场变得竞争更加激烈，这种情况下，正确促销、提高进店率就成了许多实体店的运营重点。然而，许多实体店在做促销时，看别人怎么做，自己就照做，于是，促销活动千篇一律，而消费者在看到这些活动之后，很难再提起兴趣。

5. 错误的自我安慰

部分实体店铺虽然发现销售情况不是很好，但是一看同行的销售也并没有比自己好多少，于是错误地认为大环境就是如此，即便自己做些什么，也不能改变当前的大环境。结果就是"坐着等死"，看着自己的店铺一天一天慢慢地沦落。

3.1.2　需求变化的影响因素

零售说白了就是将制造商手中的商品卖给消费者。而消费者的需求对购买会起到决定性的作用：如果消费者没有需求，即便努力推销，很可能消费者还是不会购买。因此，了解消费者的需求就显得格外重要了。

其实从零售出现到新零售的到来，消费者的需求也是不断变化的。而要想了解消费者的需求，就得从需求变化的影响因素入手，清楚地获知消费者的核心需求。具体来说，消费需求主要由如下 4 种因素共同决定：

1. 价格实惠

许多人在消费时都会有"货比三家"的习惯。在这种情况下，优惠的价格便可能对购物起到决定性的作用。比如，当你的店铺价格比其他店铺都要低时，大部分消费者便会选择在你的店铺中进行消费。

2. 购买便利

对于商品获取比较急迫的消费者来说，购买的便利性通常会比价格优惠更为重要。因此，零售店铺在节省购物时间、让消费者更方便地获得商品上还需要下一些功夫。比如，提供多样化的购买方式、多种支付方式和详细的商品信息介绍等。

3. 体验良好

在这个购物选择日益丰富的时代，消费者对于购物体验提出了越来越高的要求，在许多消费者看来，如果觉得购物不是很"爽"，那便是一次失败的购物，因此，零售店还得让消费者买得更"爽"。比如，可以为消费者提供舒适的购物环境、个性化的服务和优质美观的商品等。

4. 科技赋能

与价格优惠、购买便利和体验良好相比，科技赋能对于大部分商品消费需求的影响似乎并不是很大。但是，不可否认的是，它对一些科技含量较高商品的消费需求有着非常重大的影响权重。比如，在购买手机时，如果消费者想获得良好的听觉享受，便会选择提供杜比音效的手机。

3.1.3 实体零售店不会消亡

虽然电商凭借其独特的优势给实体零售店的发展带来了巨大的压力，但是，实体零售店还不至于消亡，至少在短期来看是不会消亡的，这可以从4个方面看出端倪，具体如下：

1.实体店的展示价值日益凸显

越来越多的零售企业开始重视实体店的展示价值，甚至将其作为品牌发展的重要突破点。对此，有的零售企业开始在线下铺设体验店，有的零售企业则直接打造体验式的实体店。

2.实体店的洗牌已经基本完成

自电商出现、发展以来，实体零售店就一直面临着巨大的压力。在此过程中，大多数实体零售店不堪重负，只能选择关闭。而能够留下来的实体零售店则在电商的挑战中进行了调整和升级，并在市场中慢慢站稳了脚跟。

3.一些实体店的标签成为制胜因素

实体零售店在转型的过程中，摸索出工匠精神和场景体验等个性标签。这些标签在更好地满足消费者个性需求的同时，也成为实体零售店逆袭的筹码。

4.新消费群体崛起带来了新的机遇

"90后""95后"年轻消费群体的消费能力不断提高，甚至在一些领域中，成为主要的消费群体。这部分人群成长在一个物质丰富的年代，实体零售店的体验和关怀往往更对他们的口味。

不管新零售怎么发展，也不管线下实体店有多么受巨头青睐，如果你还是因循守旧，那么你永远只会处在旧零售的寒冬里，感受不到新零售春天般的温暖。当然，即使在旧零售时代也还是有实体店做得很好，比如ZARA，没搞什么大手笔进军电子商务，但丝毫没有影响人家生意，也没影响他们的创始人阿曼修·奥尔特加一度成为世界首富！

3.1.4 新零售将何去何从

新零售其实可以视为实体零售和在线零售的一种强强融合，它既需要具有实体零售店的体验感，又需要具备在线购物的便利性和优惠。在这其中，无论是实体店还是电商都是不可或缺的。

在"新零售"这个概念出现之后，关于新零售的探讨就一直是一个热点。而在探索过程中，人们也开始思考新零售的发展方向，那么中国的新零售将会何去何从呢？

中国零售市场的竞争一直以来都是相当激烈的，在面临着利润率挤压严重、运营成本大幅提高的情况下，零售企业要想在竞争中站稳脚跟，还得通过对新零售的探索进行转变，而升级转变需重点在消费需求、消费的便利性和体验感等方面下功夫。

随着购买力和选择空间的增加，消费者对于购物体验和商品质量的需求开始日益凸显。同时，通过社交媒体，消费者的个性也不断被放大，并得到满足。零售企业要想借助新零售的浪潮，在零售市场中占得一席之地，必须针对目标消费群体提供定制化的高质量服务和体验。

3.2

实体零售要向互联网学什么

本节我们通过案例来分析成功用互联网思维做实体店的这些人有哪些地方值得我们学习。

这几年，互联网人跨界进入实体零售的例子多不胜数，是褒是贬，众说纷纭。我们不做高大上的讨论，且来虚心看看人家卖产品的思维逻辑，从中吸取一点营养、悟出一点道理，或许正是值得我们借鉴的。

3.2.1　两个零售发展案例

我们先来看一个关于肉夹馍的零售案例。2014 年，一群来自腾讯、百度等互联网公司的高学历人群做起了一门不起眼的小生意——卖肉夹馍。为了更好地进行营销，这群人甚至还给它起了一个利于传播的名字——西少爷。

可能许多人觉得肉夹馍这种食物看上去也就那样，即便开了店也赚不到什么钱。而西少爷的创始人兼 CEO 孟兵为了开好店，专程带队去陕西进行长时间的学习，结果这家小小的店铺外排起了长长的购买队伍，如图 3-1 所示。

为了提升产品的品质，西少爷专门设立了评审部，其主要任务就是根据面饼的细节标准给产品打分。这种做法虽然会影响门店的短期销售，但是保证了产品的质量。

图 3-1　西少爷店铺外排起了长队

从开设第一家店时，西少爷便受到了不少质疑，有的人甚至直接表示："能做 3 年我服你。"面对质疑，西少爷用行动进行了回应。2018 年 3 月底，第一家店铺开设近 4 年之时，西少爷发布了新的国际品牌——Bingz，同时宣布在全球招募合作伙伴，并计划在 2019 年让首家海外店落地。

西少爷成立的 4 年期间，在北京已经开设了 30 多家门店，年营业收入过亿。谁能想到这么一门小小的生意，也能以"亿"计算营业收入呢？

另外，从相关数据来看，西少爷的发展似乎也是极具前景的。西少爷的复购率非常高，每周购买一次的比重为 47% 左右，每月购买 7 次的也占到了 26%。且店铺的平均客流量达到 1 000 左右，坪效部分则达到了肯德基和麦当劳的 2.5 ～ 3 倍。

接下来要讲的另一个案例就是喜茶。喜茶是一个诞生于三线城市的奶盖茶品牌，却风靡于北上广深等一线城市，有的消费者为了买一杯喜茶，甚至不惜排队 4 个小时，图 3-2 所示为喜茶店外的排队情况。

第一家喜茶于 2012 年 5 月 12 日在广东江门的一个小巷里诞生，名叫"ROYALTEA 皇茶"。与市面上一般的传统奶茶不同，喜茶致力于呈现世界各地的优质茶香，让每位消费者都能喝到自己喜欢的茶饮。

其实，喜茶刚开始时的销售情况并不是很好，甚至可以说有些惨不忍睹。比如，第一家店铺刚开始的时候一天的营业额有时只有几十元。但是，通过在微博等渠道收集反馈，并不断改进产品，喜茶尽可能地做到让自己的产品不难喝，凭此它收获了第一批粉丝。

图 3-2 喜茶店外的排队情况

从定位来看，喜茶力图将自己打造成茶类中的星巴克，所以它更注重高品质的消费。对于消费者来说，喜茶这种高品质的茶品会让他们有格调，甚至觉得它就是身份的象征。这种品牌的成功塑造，为喜茶带来了第二批粉丝和源源不断的消费者。

也正是因为看中喜茶的品牌形象，投资市场开始了对喜茶的投资。2016 年，IDG 联合今日资本对喜茶进行了 1 亿元的投资。2018 年 4 月，喜茶更是完成了 4 亿元的 B 轮融资。

喜茶诞生地属于二三线城市，该地的消费水平相对较低，所以成本也不是很高，这就可以保证产品的低价，让产品具有价格上的优势。再加上这样的地区竞争相对较小，也让喜茶有更多的时间提高自身的产品和服务。所以，当喜茶来到一线城市之后，优势很快便凸显出来了。

以前，许多零售店在选址时，都会尽可能选择人流量大的区域。而随着互联网的发展，店铺选址的重要性正在弱化。只要利用好品牌 IP，即便将店铺设置在较偏僻的地方也会被消费者熟知，这也是喜茶成功的重要原因。

3.2.2 来自案例的思考

根据以上两个案例，我们不妨做一下这样的思考：新零售诞生以来，传统零售业更加多变起来。互联网既改变了商业的形态，也改变了消费者的习惯。在这种情况下，零售商需要做的就是适应变化，迎合变化。

虽然实体零售店与互联网之间存在着很大的差异，但是，对于互联网的优秀特质，实体零售店还需进行必要的学习。具体来说，实体零售店主要需要向互联网学习如下 3 点：

1. 洞察消费需求

互联网对消费需求的洞察可以说是非常敏锐的，从基于社交诞生的微信，到基于共享经济诞生的共享单车，无一不是互联网敏锐洞察的结果。实体零售店需要学习互联网的敏锐洞察力，挖掘潜在的消费需求，并进行放大。

2. 重视用户体验

"用户体验"一词本来源自互联网，而互联网对于用户体验的重视程度也达到了令人瞠目的程度。比如对于 App，互联网对界面友好度、打开速度和美观度等都会进行重点考虑。虽然近年来零售实体店对于体验日益重视，但还是有待提高。

3. 踏实做实体店

新零售本身就需要线上、线下的融合，而且互联网企业也开始了线下布局。这就说明实体零售店还是有发展前景的。零售企业可以在互联网上寻找更多的可能性，但是首先必须踏实做好实体店本身，为实体零售店的发展打好坚实的基础。

新零售的到来，让本就复杂的零售业变得更加复杂起来。在这种大环境之下，实体零售店经营者既要紧盯局势的变化情况，还要提高实体店的服务质量和购物体验，不能过分保守，也不能太冒险。

3.3

新零售就是要重构"人—货—场"

"人—货—场"的关系是随着时间在不断变化的，在物质缺乏的年代，"货"的重要性凸显，因为供不应求，所以什么商品都能卖出去。

传统零售时代，物质变得丰富起来，人口聚集的地区形成了较高的购买力，所以，"场"的地位突出，零售商为了提高销量，会将店址选在商圈中的核心区域。

互联网时代，大多数商品都处于供过于求的状况，且借助互联网，在线上即可消费，"场"的重要性开始削弱。而此时作为消费者的"人"，开始成为零售的关键。零售企业要想发展，就得生产目标消费群体需求强烈的商品。

虽然新零售是零售业发展到一定程度的产物，但是零售业的核心问题还是人—货—场。而新零售的实质则是对人—货—场进行重塑，通过人—货—场的变革，解决成本、效率和体验等问题。那么，如何对人—货—场进行重塑呢？零售企业可以从三个方面努力，具体如下。

3.3.1　人：以消费者的需求为本

实体零售店与消费者的关系可分为 3 类：一是随机关系，消费者只是随机来到店铺完成购物，购物完成后双方不再有联系；二是弱关系，维持这种关系的零售商可以通过微信、短信和电话等联系消费者；三是强关系，在这种关系下，零售商与消费者维持着密切的联系，相关消息可以快速触达消费者。

零售商需要针对与消费者的具体关系，增加消费者的购物需求。对于随机关系的消费者，可以通过微信公众号、小程序和 App 等建立联系；对于弱关系的消费者，可以通过联系增加密切度，将关系提升为强关系；而对于强关系的消费者，则可以通过营销技巧刺激消费需求，增加消费者的购买率。

零售企业对于"人"的重构，可以同时从内部和外部下功夫。在内部，零售企业可以通过企业组织的重构，提高整体的销售效率，让各部门进行协调工作。在外部，则应以消费需求为本，通过服务质量的提升和商品质量的提高，增加消费的评率，将消费者变成店铺的粉丝。

3.3.2　货：定制出新的生产模式

因为新零售是以消费者的需求为中心，所以，在"货"的方面，零售企业需从"卖什么"转变为"消费者需要什么"。也就是说，货品的提供，不能只看自己能生产什么产品，更应该看自己生产的商品怎样才能更符合消费者的需求。

对此，零售企业可以通过大数据对目标消费群体进行精准的分析，并据此对用户画像。根据消费者的核心需求生产产品，满足消费者的个性化需求，消费者喜欢什么样的商品，零售企业就生产什么样的商品。

具体来说，零售企业在对"货"的重构过程中，可以从两个方面下功夫：一是由需求进行倒推，根据需求生产产品；二是构架产品的价值，增加产品的附加值，如通过定制让消费者拥有独特的购物体验和使用体验。

3.3.3　场：让消费场景无处不在

随着零售业的发展，消费的场景开始呈现爆发式的增长。以前消费者购物只能去实体店，慢慢地，电视和网上都可以购物了。而现在一些更具体的地方也能成为消费场景。比如，一些电梯中会为购物网站打广告，甚至会放置店铺的二维码，这样一来，消费者在电梯里可能也会进行购物。

"场"的变化，主要体现在，零售企业的重点不再是强调"零售的场所"，为消费者提供消费的渠道，而是将"零售的场景"作为重点，通过具体的场景，刺激消费需求。

"场"的变化还体现在从单一的场景向场景的融合转变，比如，零售企业会将线上和线下进行打通，当店铺有活动时，既在网上进行宣传，也在线下的实体店张贴优惠海报。

传统零售时代，"场"是有形的购物场所，注重的是场所的数量。而新零售时代，"场"更多的是无形的购物情景，它通过必要的营销，让消费者看到零售店铺，并主动进店消费。

3.4

零售业态与门店环境的创新

3.4.1 盒马鲜生的运营原则

作为新零售元年，2017年零售业得到了明显的发展，也带动了消费的大幅增长。以阿里巴巴为例，通过与传统零售企业的深度合作，借助互联网的力量，创造出线上、线下一体化的盒马鲜生，传统实体零售业开始焕发新的生机。

当然，要做好生意还需要进行深层设计，并对工作进行细化。以盒马鲜生为例，在其还未正式面世之时，便确定了4个原则，具体如下：

1.线上收入要大于线下收入

因为盒马鲜生要做的是线上、线下一体化的电商平台，而不是线下的实体零售店，所以线上的销售才是重点，线上的销售必须占大头。

2.每天订单量要大于5 000

盒马鲜生要做的是大生意，运营是有成本的，只有订单达到一定数量时，才能形成规模，具有运营的价值。

3.3 千米内，半小时必须送达

盒马鲜生的主要销售半径为 3 千米以内，在该范围内，不需要进行冷链运输，可以节省成本，而且，因为运输距离比较近，能够快速将商品送到消费者手中，可以提高消费者的忠诚度。

4. 线上、线下要满足不同的需求

消费者在线上场景和线下场景拥有不同的消费需求，盒马生鲜要做的就是通过对不同需求的满足，将流量做大，让零售具有更多的可能性。

盒马鲜生本质上是一个线上、线下一体化运营的电商平台，一个用门店武装的电商，而这种打破线上、线下边界的零售模式正是一种典型的零售新业态。盒马鲜生的独特之处就在于它打破原有的门店功能，打造成了一个复合功能体。它既是为消费者提供商品服务，更是为消费者提供一种生活方式。

3.4.2　又卷烧饼店的互联网营销

下面来看一个二次创业小吃品牌在零售业态与门店环境的创新方面给我们的启示。2015 年 10 月，又卷烧饼店在北京望京 SOHO 开业，图 3-3 所示为又卷烧饼店的店面情况。

图 3-3　又卷烧饼店的店面情况

又卷烧饼店的创始人杨煜琪在选择店址方面有着自己的策略，她认为：将店址选在黄金商圈，如果店铺能够盈利，就说明这个商业模式是成功的；黄金商圈聚集了大量互联网公司，可以实现自传播效应，节省了大量营销费用。

2016 年 4 月，又卷烧饼店凭借一家店获得 1 000 万元的天使轮融资；2016 年 9 月，又卷烧饼店的第二家店才开业，而 1 年后的 2017 年 9 月，又卷烧饼店全国自营和加盟的店铺数量就已经达到了 600 多家。

对于又卷烧饼店的创始人杨煜琪来说，这可以算是她的二次创业，早在 10 年前她就创立了土家掉渣饼，但是因为对品牌和加盟店把控不当，使土家掉渣饼的品牌一步步被毁掉，而又卷烧饼的成功也与她多年来在餐饮业中积累的经验分不开。

在杨煜琪看来，这是一个酒香还怕巷子深的时代，如果不能通过互联网进行必要的宣传，一个实体店是很难获得成功的。餐饮业要升级就必须把握好互联网这个利器，创业者需要好好利用互联网，但也不能被互联网利用了。

由此可见，在新零售时代不但产品要漂亮，售卖产品的环境也要好！更准确地说，就是围绕顾客的需求设计出真正符合他们心理预期的场所布置。

3.4.3　门店环境的主要细节把握

在实体店的经营过程中，门店环境一直以来都是重点。可以说，没有哪个环境糟糕的实体店是能够轻松获得成功的。笔者认为，在门店环境方面主要需要做好 10 个细节，具体如下：

1.定期检查货架

检查货架，如果缺货，有存货的话应该马上补上，如果没有存货也应该调整陈列方式，不要让消费者觉得货架上空空如也。

2.定期检查洗手间

洗手间的卫生是门店环境的重点之一，如果洗手间脏了，一定要及时打扫，不要给消费者留下脏、乱的印象。

3.收银台操作要迅速

对于消费者来说，等待的时间在感觉上会显得很长。为了减少等待时间，门店需要提高收银台的操作效率，让消费者可以更加快速地结账。

4.备货区不要开放

备货区是门店存放货品的地方，让消费者进去本来就不合适。再加上备货区或多或少会有一些杂乱，所以，备货区最好不要对消费者开放。

5.减少杂物的数量

在门店内应该尽可能减少杂物的放置，因为这一方面会占用门店的展示区域，另一方面也容易让消费者觉得店面不够整洁。

6. 塑造门店的个性

有个性的店铺往往更容易被消费者记住，其复购率通常也要高一些。门店的店铺可以从多个方面进行塑造，如特色的装修风格、优质的特色服务等。

7. 多改变外观形象

门店的外观形象对消费者的进店率有一定的影响，如果不改变外观形象，消费者就会对店铺失去新鲜感，甚至连进店的兴趣也没有了。

8. 良好的工作环境

员工的工作环境将影响其服务质量，在门店中需要为员工提供良好的工作环境，既要为员工提供休息区域，还要为员工创造愉悦的工作氛围。

9. 规划购物路径

在门店的布局上，应该留有充足的购物路径，保证购物通道的顺畅，让消费者可以自由地在门店内走动，挑选自己想要的商品。

10. 以消费者为中心

消费者是门店发展的推动者，一家门店要想获得发展，就必须多站在消费者的角度进行考虑，为消费者创造更好的消费环境。

3.5

管理模式与运营思维的创新

当下的新零售时代，传统零售企业面临的挑战其实更多的是运营方面的挑战。传统零售企业以前更多重视的是商品、物流、采购，而在新零售环境下，实体零售的运营重点则从产品渠道的运营，逐渐转向消费者的运营，或者叫消费者关系的运营。

其实，人和人之间的区别以及一个企业与企业之间的区别，在于认知上的差异。如果说彼此的认知不在一个维度，那么差距就拉开了。现在很多企业虽然天天讲"消费者第一""消费者是上帝"，可是他的企业里面接触消费者的人，是一个公司里面水平最低的人，如此一来，要想服务好消费者便不是一件容易的事了。

3.5.1　优衣库高效的管理模式

作为世界第六大服装零售企业，优衣库的管理模式与运营思维一直以来都是同行们争相效仿的对象，特别是优衣库在供应链上的高效管理模式。具体来说，优衣库在供应链上的管理主要体现在如下 5 个环节的把控上。

1. 设计研发

在设计研发上，优衣库是通过店面的实时反馈情况来进行的。通过对数据进行精准分析，优衣库研发出新的款式。所以，优衣库产品的迭代速度非常快，而且这样生产出来的产品通常都能满足部分消费者的需求。

2. 原料采购

原料方面，优衣库采取的是全球采购模式，通过与原料商和供应商进行谈判，从而建立长期稳定的合作。这在控制生产成本的同时，往往也能让产品的原料品质更有保障。

3. 库存管理

优衣库产品的生命周期一般只有 18 周。其中，第 1 周～第 3 周主要分析重点产品能否热销；第 4 周～第 7 周，对失败产品进行处理，清除库存；第 8 周～第 13 周，实现产品销售转化的最大化；第 14 周～第 18 周，对畅销品进行处理。如此，产品便完成了一次生命周期。

4. 仓储运输

优衣库通过全套自动化管理软件和高科技物流中心的配合，实现了精细化的仓储管理。"双 11"期间，一天的出单量可以达到几十万单，这主要得益于它有一个强大的仓储，再加上快速的运输，仓储管理非常高效。

5. 终端销售

优衣库采取的是直营的销售终端模式，它的门店就是仓库，强调通过整体搭配的出售，满足消费者的一站式购物需求。而通过店长对销售信息的反馈，可以高效地处理消费者的需求，为产品的开发设计提供依据。

在外界认为实体门店不景气的时候，优衣库却看到了未来，在逆势中进行线下的扩张，以每年 30% 的增长速度开店。因此，优衣库在国内的实体店已经大大超过了 H&M、ZARA 和 GAP 等品牌。我们在大一点的商圈，基本上都可以看到优衣库的店铺，图 3-4 所示为优衣库的店面情况。

优衣库通过线下实体店的扩张，一方面可以提升消费者对品牌的认知，提高知名度；另一方面通过线下的相关宣传，将线下的用户引导到 App 和天猫旗舰店等线上平台，实现了线下的导流。

图 3-4　优衣库的店面情况

3.5.2　崛起的国产品牌——海澜之家

海澜之家是一个专注于打造全民皆可穿的男装品牌，这个以"男人的衣柜"自称的国产品牌前身不过是一个毛纺厂。1990 年海澜之家创始人周建平拿着积攒的 30 万元承包了这个毛纺厂，从此开始了自己的创业之路。

可能谁也不会想到，在 28 年后的 2018 年，这个诞生于毛纺厂的国产品牌竟然可以达到 800 亿元的市值，列于"全球市值最高服装配饰奢侈品公司"第 14 位，甚至超过了 Coach、Prada 等国际知名品牌。

截至 2018 年 6 月 30 日，海澜之家的门店数量已达到 4 694 家，这其中包括海外开的 11 家店。其门店在全国各省、自治区、直辖市均有开设，在县、市的覆盖率超过了 80%。海澜之家的实体店铺是出了名的多，在很多商圈中都可以看到它的踪迹，如图 3-5 所示。

图 3-5　海澜之家的实体店铺

和优衣库相同，即便是在大家都不看好实体店的情况下，海澜之家仍旧注重线下实体店的铺设。在行业业绩下滑的情况下，它却能实现营业收入、净利润上升，与线下实体店或许也有关系。

海澜之家是轻资产运营模式，它通过一个共享经济平台，将各种资源进行组织和整合，并在此基础上形成了品牌。虽然它自身并没有占有很多资源，却实现了资源利用的最大化。海澜之家能够获得成功也是有原因的，主要体现在如下5个方面：

1. 成本控制

海澜之家实行一种轻资产的运营模式，它并没有参与服装产业链的上游，只是将生产和设计等进行外包，在供应商设计师设计的款式中根据流行趋势进行选择，并下订单。

因此，它并不需要培养专门的设计师团队，厂房的设计也不需要太多。这样一来，海澜之家的固定资产投入本身就比较少了，而成本的控制又让它的利润更好地得到了保障。

2. 无库存风险

海澜之家的供应商在参与产品设计的同时，会承担所有的库存风险，如果产品卖不出去，海澜之家可以选择退回生产商，在有需要时还可以二次进货。除此之外，它还可以通过旗下的"百依百顺"进行折扣出售。在这种情况下，海澜之家便不存在库存风险溢价的情况了。

3. 供应链共享

海澜之家的核心在品牌的塑造及上下游的赋能方面，它建立的共享型供应链管理平台，把上下游、海澜之家和加盟商变成了利益共同体，通过与生产供应商和原材料生产商谈判，可以获得高质量、低价格的产品。

4. 加盟门槛低

海澜之家对于品牌的控制比较看重，加盟商拥有的只是店铺的所有权，而门店的经营权则归海澜之家所有，并由海澜之家进行经营和管理。在这种加盟模式之下，加盟商即便对经营和服装业没有太多的认识也没有太大的影响，加盟的门槛可以说非常低。

5. 及时把握需求

海澜之家每周都会对店铺的销售数据进行分析，在其中寻找新的消费趋势，并向生产商给出提案，从供应商的样稿进行筛选，最终将合格的样稿进行生产，并送至门店进行销售。在这种模式之下，海澜之家可以及时把握消费需求，推出消费者需要的新品。

3.5.3　新零售的运营和管理重点

新零售时代，零售企业面临的挑战主要体现在运营和管理上。产品渠道制胜的时代已经过去，现在我们已处于消费者运营时代，零售企业要想获得发展，就得以消费者为中心进行运营和管理。

对此，零售企业的老板首先要有一个思维的转变，要看到消费者对于企业的重要性，根据消费者制定战略思维；其次，在直接架构上也需要针对消费价值做好消费者运营，让消费者看到产品的价值；最后，要提高服务人员特别是直接接触消费者的服务人员的素质，让消费者获得更优质的服务。

那么，传统企业如何向新零售转型，做好新零售的运营和管理呢？在此，不妨参考阿里巴巴 B2B 前 CEO 卫哲的 4 个"在线"，具体如下：

1. 员工在线

员工在线是运营和管理的关键，毕竟只有当员工在线时，零售企业和店铺的相关信息才能在第一时间传达给各位员工。在当今这个时代，如果没有做到员工在线，那么零售企业和店铺的效率将会大大降低，而在效率得不到保障的情况下，要做好运营和管理难度就会增加很多。

其实，在当今这个时代，要做到员工在线是一件很容易的事。比如，我们可以借助手机这个载体，搭建一个供零售企业和店铺进行工作交流的平台，通过人机合一，将相关信息在第一时间进行共享。

2. 产品在线

产品在线主要包括两方面的内容：一是提供丰富的产品种类，满足消费者多样化的需求；二是通过各大渠道增加消费者接触产品的概率，让消费者可以快速接触到产品。

对此，不少零售企业通常都会开设微信公众号，或者做一个官网。但是，很多零售企业做完之后却不愿花太多的心力去进行管理，这样一来，微信公众号和官网也就没有太大的意义了。

3. 客户在线

客户在线，就是增强客户的黏性，让客户成为你的粉丝。通常来说，客户的黏性可以从两方面得到提高：一是通过员工与客户建立联系，增强亲密度；二是通过提供优质的产品，增加客户的复购率。

因此，零售企业也可以针对性地提高客户的在线率。比如，可以通过员工培训，提高员工的服务质量；又如，可以为消费者提供个性化的优质产品，让你的产品成为消费者的不二选择。

4. 管理在线

管理在线就是企业和店铺对于员工的服务和监督要做到位。对员工的服务就是通过管理提高员工的能力，让员工可以更好地服务消费者；对员工的监督就是监督员工的工作，对员工的工作进行管控。

比如，在对员工的服务方面可以通过建立产品和知识库，记录消费者的常见问题，并针对这些问题给出答案，将问题和答案提供给员工，让员工对于消费者的相关问题可以对答如流。

又如，在监督方面，可以对员工与客户的交流和对话进行记录，了解员工的工作过程。这样，员工在与客户交流、沟通时就会更加谨慎一些，时时牢记自己该做什么、不该做什么。

3.6

售卖商品与消费体验的创新

在阿里巴巴等互联网公司的推动下，新零售蓬勃发展，对传统百货业、超市的变革起到了很大的促进作用，比如，阿里巴巴与银泰百货"联姻"、对三江购物的整合、与百联集团的合作，都给传统零售行业带来了新的生机，甚至可以说以此为契机带动了整个服务业的提升。

新零售的实体店不同于传统的实体店，像盒马鲜生、星巴克与卡西欧智慧门店等，都是突出技术创新与新技术应用，使针对客户的服务系统和服务能力得到了有效的提升。

除了技术的运用，在软实力方面，传统的以自我为中心、以商品为中心的零售开店模式已经不能适应消费者主权时期的消费者需求的变化。特别是大卖场、超市、便利店，缺少关爱顾客的门店经营理念需要尽快转变。也只有这样，实体店才能重新回到消费者的视野，尤其是让年轻的消费者能够重拾对实体店的信心。

新零售时代，传统的模式正在发生变化。零售正在变得更加尊重、关爱顾客，也只有通过这种关爱、尊重才能真正打动目标顾客。特别是从目前的新零售创新实践案例来看，关爱顾客、尊重顾客已经充分体现在新零售的门店经营理念之中。

我们必须意识到：零售在变慢、变社交化、变品质化、变年轻化，传统零售需要尽快适应环境的变化，创造新的门店模式。门店布局一切都要秉持让消费者更舒服、更方便的原则，要尽快抛弃传统的门店布局理念，建立起体现尊重、关爱、开放、互动等的新的场景化布局理念。

3.6.1　新零售的消费新变化

自"新零售"的概念诞生以来，新零售在国内可谓发展迅速，以盒马鲜生为代表的全新零售形式在吸引大众目光的同时，更是将新零售的概念付诸了实践。

什么是新零售？它不是单纯的传统线下实体店，当然也不只是线上的电商平台，而是通过线上、线下的结合，将各类资源进行整合，从而提高销售效率，更好地为消费者提供服务。

新零售时代，传统的销售模式正在发生一些显著的变化。比如，在销售过程中会更多地以消费者为核心，更加尊重和关爱目标消费者，通过自身优质的产品和服务来打动消费者。而零售业自身也正在发生着一些转变，这主要体现在 5 个方面，具体如下：

1. 节奏变慢

生活节奏的加快，让许多消费者没有太多的时间用以购物，因此，以往销售的节奏都是比较快速的。在实体店铺中，采取的都是通过推销的方式，让消费者快速获得需要的商品，谋求短时间的成交。

其实，并不是所有的消费者都希望快节奏地完成购物，恰恰相反，许多消费者因为平时的生活节奏比较快，所以希望通过购物享受一下慢生活。而新零售要做的就是将单一的消费功能，变得一个多功能的综合体，从而让消费者在购物的过程中享受久违的慢生活。

2. 零售社交化

随着网络技术的发展，越来越多的消费者开始通过网络查看店铺的口碑。所以，为了提高店铺中产品的口碑，制造产品热销的氛围，不少零售企业会注重社交方面的传播和形象塑造。

比如，有的店铺会通过转发朋友圈送福利的方式，提高社交曝光率；有的店铺会通过品牌形象的塑造，提高品牌的格调，给品牌打上特定的标签，吸引目标消费群体进店消费。

3. 零售品质化

现在消费者的消费行为越来越趋于品质化，在大多数情况下，消费者消费的已经不仅仅是特定的商品，而是包含品牌在内的文化。比如，消费者不惜排队几小时购买一杯喜茶，其实并不只是为了喝一杯茶，而是希望通过这杯茶感受生活的品质。

对此，许多零售店铺都做出了一些改变，比如，有的品牌通过对形象的塑造，打造品牌 IP，让品牌对消费者更具吸引力；又如，有的线下实体超市通过提供龙虾、帝王蟹等产品，提高卖场产品的整体品质。

4. 零售年轻化

新兴消费群体购买力的变化，使零售企业的主要目标客户也发生了一些变化。随着年轻消费群体的崛起，零售店铺对于年轻消费群体的重视程度不断提高，许多零售店铺将重点放在了为年轻消费群体提供年轻、时尚的商品上。

5. 变成"四不像"

在许多人看来，新零售时代的店铺就是一个"四不像"，它既不像传统线下实体店一样，打造一个卖场，在线下进行简单的宣传，也不像线上电商平台一样，通过网站的建设，进行线上销售。

新零售时代的店铺是对线下实体店和线上电商平台进行整合互通，它主要是以消费者的需求为核心，打造具有特色的一体化平台。

3.6.2 逆袭的"10 元店"——名创优品

下面通过一个案例来体现在新零售时代，产品的创新、零售模式的创新和用户体验的创新是多么重要。

近年来有一家挂着日系名头的 10 元店，只用了短短几年时间便在全球开店超过 2 000 家，它甚至被无印良品、优衣库和屈臣氏等国际知名品牌视作"全球最可怕的竞争对手"。这家店的名字就是：名创优品。

名创优品是一个创办于 2013 年的品牌，作为一个 10 元店，它的产品价格普遍比较低廉。进店之后，你会看到各种各样的日系小商品，而且在大多数情况下，店铺中都会有大量消费者光顾。看到这里，可能许多人心中都会有疑问：这样一个品牌凭什么能够成功呢？

和许多成功的企业相同，名创优品的第一家店铺的业绩其实并不是很好，经过分析之后，名创优品的创始人叶国富找到了答案，那就是第一家店所在位置的消费者收入和购买能力都不是太高。

因此，名创优品在选址上找到了适合自己的策略，那就是在一二线城市的核心商圈、黄金地段或者人流密集的步行街。因为选址区购买力集中，再加上产品的价格普遍比较低，所以名创优品很快就获得了大量忠实的消费者，生意也开始变得越来越好。

除了选址之外，名创优品对定位也比较重视，它在主要消费人群和主要商品方面一直以来十分明确，那就是以一二线城市的年轻女性、白领和大学生为主，售卖生活类的小商品，如生活用品、化妆品和小饰品等。

虽然名创优品的商品价格普遍都不是很高，但是它们却具有日系商品的风格，这就让消费者觉得它的商品性价比普遍比较高。再加上店铺开设在人口集中、购买力相对较高的商圈，大多数消费者也都买得起这些商品，因此，名创优品很快就获得了持续的购买力。

在持续购买力的支持下，名创优品获得了持续稳步的发展。而在发展过程中，名创优品也不断适时增加线下实体店的铺设，只要是大一点的商圈，我们都可以看到名创优品的店铺，如图 3-6 所示。

图 3-6　名创优品的实体店铺

分析案例的目的不是为了模仿，而是为了启发。其实，在商场，从来没有复制，只有参考，只有因地制宜。因为客观上一定会存在产业差异、品类差异、群体差异、地域差异等多维差异。

名创优品的成功告诉我们：选好自己的经营品类，牢牢抓住消费者的需求，从产品的设计、门店环境和体验、供应链管理等方面下功夫，以用户为中心，将消费者的体验做到极致。

不过仔细想想，但凡做零售，不就是应该去琢磨这些吗？这是零售行业的分内之事啊！只是很多时候我们忘记了消费者最根本的需求，所以，要说名创优品的成功有什么秘密，其实说到底也是没什么秘密可言的。

消费升级正在
重构消费者逻辑

——

第4章

4.1

用户变了，你还拿胡萝卜钓鱼

尼尔森的调查数据显示：当前失业率最高的行业是零售业，其次才是银行业。这主要是因为当前的零售形式很难留住消费者，所以在消费选择比较多时，往往会出现消费者大量流失的现象。

从未来的零售市场来看，顾客的选择一定会变得越来越多。一方面未来将出现更多的店，而且这些店的环境、商品、服务将变得越来越好；另一方面未来也将产生更多的消费场景。这些都会造成顾客的分流。

因此，对于零售企业来说，不管是电商还是实体零售，商品和服务只能说是最基本的经营要素，算不上核心竞争力。而零售企业之间竞争的核心变成了顾客，面对流量越来越稀缺的现状，很明显，谁能争取到顾客的青睐谁就能在零售行业站稳脚跟。因此，如何吸引顾客、黏住顾客也就成了零售企业工作的重心。

那么，如何才能吸引顾客、黏住顾客呢？首先可以肯定的是，原来的很多方法和观念需要改变，在新的市场环境下，零售企业需要思考如何用新的方法去吸引顾客、黏住顾客，如何在流量稀缺的环境下，去挖掘更多的成交点、提升单客贡献度。

很多人应该听过这样一个故事：有一只小白兔去钓鱼，第一天一无所获。第二天，还是一无所获。第三天、第四天，结果还是如此。小白兔虽然非常沮丧，但是固执地认为：坚持就是胜利！没想到，第五天，它刚到河边，就有一条大鱼从河里跳出来，大喝道："你要是再敢用胡萝卜当鱼饵，我就打死你！"

这听着好像是个笑话，但是我们仔细想想，很多实体零售企业不就是这么做的吗？总是认为自己有什么就给顾客提供什么，根本没有沉下心来思考顾客真正需要的是什么。

俗话说，"干活不由东，累死也无功"，所以在当下的新零售时代，零售企业不能只是从产品、技术或者企业自身出发，也不能只是从销售人员或者营销的视角出发，却忘记了消费者的需求！

对于消费者来说，经历了 10 多年的购物中心之后又经历了 10 多年的网购，由于审美疲劳和消费预期的满足，消费者们已经腻了、烦了。他们既想要网上那种便利和便宜的价格，又想要实体店的体验和服务，更想要有品质的产品。

近几年来新中产群体的崛起，同时"90后""95后"消费群体逐渐成为消费市场的中坚力量，他们既注重品质也注重体验，既看重价格更看重价值。这种消费观念和消费需求所发生的变化，就是所谓的"消费升级"。

过去，用户跟客户几乎是一回事，但是在新零售的背景下，客户和用户是完全不同的两个概念：用户往往对企业价值观认同，且对企业来说是有价值的；而客户则是在店铺中进行购物，完成购物后与店铺基本上不会再产生联系。

也就是说，用户和客户的区别主要体现在对店铺的黏性上。用户与店铺的关系属于强关系，与店铺的联系密切，黏性强；而客户与店铺的关系则属于弱关系，与店铺基本没有联系，黏性也很弱。

而零售商需要做的，就是通过提供优质的产品和服务，将客户变成用户，增加店铺的核心用户；将用户变成店铺的粉丝，让品牌成为用户的第一选择，增加用户的复购率。

4.1.1　做好用户分类

要将客户变成用户、将用户变成品牌粉丝，并不是一件容易的事，但是，零售商可以通过一些途径增加自身的成功率。比如，可以通过用户画像，对用户进行分类，针对每种用户采取具体的对策。通常来说，用户大致可以分为4类，具体如下：

1. 新手用户

面对新事物时，每个人都是从新手开始慢慢地熟悉起来的。在零售企业和店铺，也会有一些第一次进行购物的新手用户，而能不能将这部分用户变成粉丝，就要看零售企业和店铺的功力了。

通常情况下，针对新手用户，零售企业和店铺可以先分析新手用户到现在才愿意购买产品的原因，以增加对新手用户的了解；还可以凭借优质服务树立良好印象，增加新手用户的好感等方式，刺激新手用户再次光顾。

2. 典型用户

典型用户，简单地理解，就是产品的核心消费人群，比如，减肥药的典型用户就是肥胖者，至少是觉得自己还不够瘦的人群。这部分人群是产品的消费主力军，一定要进行重点把握。

针对典型用户的分析，实际上就是在针对主要消费群体进行用户画像。通过对这部分用户进行画像，零售企业和店铺可以了解主流市场对于产品的需求，让自己的产品获得更多目标消费者的认同。

3. 极端用户

极端用户就是与主流用户相对的小众用户，比如，从电脑系统来看，市场上绝大多数用户用的是 Windows 系统，这是一种主流；此时，使用 Mac 系统的用户便可以视为极端用户。

极端用户在看到商品和服务时往往会有与主流用户不同的看法，甚至会让人觉得他们会将问题放得很大，有点像在鸡蛋里面挑骨头。其实，零售企业和店铺需要明白，因为极端用户会对问题进行放大，所以往往也会最先发现产品和服务潜在的不足。如果零售企业和店铺能够让这部分用户满意，那么就说明产品和服务已经做得很好了。

4. 专家型用户

用户频繁地使用产品之后，会对产品有一定程度的了解，也能对相关问题表达自己的想法，这部分用户就属于专家型用户。

与普通用户相比，专家型用户因为需要频繁使用产品，所以对产品的需求通常比较强。当然，因为专家型用户对产品有自己的想法，产品要获得这部分用户的认同可能并不会太容易。

4.1.2　重构营销体系

完成用户画像和分析之后，零售企业和店铺还应该针对零售环境和顾客制定一套新的营销管理体系。对此，零售企业和店铺需要重点做好三个方面的工作，具体如下：

1. 为顾客建立账户

在针对顾客制定营销之前，必须先了解顾客的需求。而要了解顾客的需求，就需要通过具体数据和信息进行分析。这些数据和信息如何获取呢？其中一种比较简单的方法就是为顾客建立账户，了解账户的实时信息。

当然，许多顾客在完成购买之后，可能并不会主动想着建立自己的账户。针对这种情况，零售企业和店铺可以采取一定的举措增加用户建立账户的意愿。比如，可以对主动注册账户的用户赠送一张小额优惠券。

2. 构建顾客营销体系

顾客建立自己的账户之后，零售企业和店铺可以根据账户的相关信息，构建顾客营销体系。在构建营销体系时需要着重做好三个方面的工作，具体如下：

（1）商品方面：围绕顾客的需求，提供顾客需要的商品，并通过品牌 IP 的打造等方式增加商品的附加值，让顾客觉得买商品值。

（2）服务方面：通过为顾客提供优质的服务，让顾客获得良好的购物体验。同时，对于核心用户，还可以通过一些增值服务，让其享受更好的服务。

（3）留存方面：提高留存度的方法有很多，比如，通过控制产品价格提高产品的性价比；通过积分兑换和相关优惠活动的方式对顾客进行一定的回馈，刺激顾客继续在店铺中进行消费。

3. 重构运营体系

重构运营体系的核心在于转变零售观念，将以渠道为中心转变为以消费者为核心，重构企业的运营体系和企业组织，并从顾客的角度对门店定位、门店功能和运营体系等进行重新设计。

在现实生活中，许多零售企业和店铺更多的是从产品或者企业本身出发，从营销的角度看待零售活动，殊不知，在零售的过程中，作为用户的消费者才是关键。如果缺乏对用户的分析，没有充分考虑用户的需求，那么零售企业和店铺所做的一切可能都不会有太大的效果。

当然，对用户进行分析，并不只是找到数据和问题，更关键的是针对现存的问题找到解决方案，让商品和服务更好地满足用户的需求，让用户愿意继续在你的店铺中购物。随着消费者的改变，零售企业的经营侧重点也要做出相应的调整，只是翻老黄历是到不了新时代的。

4.2

适应"消费者主权"时代的到来

商务部发布的一份报告显示：18 ～ 35 岁的新生代和中产及富裕阶层构成了我国的消费主体。这部分人对于商品和服务的品质、品牌，以及生活质量与效率都非常重视。消费档次拉开，"羊群效应"逐渐消失，从众式消费宣告结束。消费者更希望对商品个性特征和自我进行展示，而不只是简单的购物。

哈佛大学教授莱纳德·施莱辛格表示："如今购物中心的设计方式，已经满足不了现代人的社交互动需求了。"说的就是消费者已经不能满足于如今的零售服务提供者提供给他们的服务，而且，他们的购物需求满足之后，潜在的社交需求就冒出来了，也对商家提出了新的课题。

"消费者是上帝"这句名言在工业文明时代只能说是一句口号，在那个产品为王的时代，消费者能做的只是被动接受。而在当今这个"用户至上、体验为王"的时代，消费者在消费过程中占据了绝对的主动权。

消费者主权理论是一种消费者主导型的经营模式，指消费者根据自己的偏好选购商品，而消费者的偏好也会被生产者所看到。因此，生产者会根据消费者的需求生产商品，也就是说生产者生产的产品和数量都取决于消费者。

消费者主权也可以说是消费者用自己的实际购买行为向这一商品的生产者投票，而生产者必须及时了解社会的消费趋势和消费者的动向，从而以此为根据，组织生产适销对路的产品，以满足消费者的要求，否则，自己闭门造车生产了一大堆产品，却不为市场接受。

因此，企业或商家必须做出充分的思维调整和行为方式的改变，不仅向消费者提供产品，而且要将超值服务奉献给消费者，及时满足消费者的需要，用个性化的产品逐渐取代标品，用柔性生产逐渐取代刚性生产，以满足各种消费者的不同需求。

当然，消费者主权意识的建立也不是一蹴而就的，有一个循序渐进的过程。中欧国际工商学院市场营销学副教授向屹将其概括为 3 个阶段。

第一阶段是在前互联网时期和互联网初期，企业通过电话和回访从消费者处获取产品设计和服务改进的意见；第二阶段，随着互联网的兴起，网上论坛、讨论区和电商网站上的公开评论及反馈都成为公司意见反馈的来源；第三阶段始于 2008 年左右，兴起的社交媒体使整个情势开始发生变化，消费者不仅仅是产品使用体验的反馈者，更是消费的主导者。

红领集团总裁张蕴蓝表示："我们公司的战略主要是打造 C2M 的商业生态，所谓的 C 就是消费者的个性化需求，M 代表工厂，就是消费者个性化的需求通过网络直接对接工厂，由工厂来满足每个消费者个性化的需求。基于对消费升级和产业再造的理解，我觉得消费者主权的时代已经到了，我们作为制造工厂一定要按照每个消费者的个性化需求按需生产。"

而新希望六合股份有限公司董事长刘畅则更是表示："事实上养猪很科学，现在养猪全部是隔离式的养殖，它们的营养、空气、水的质量，包括疫情的检测、配种都受到了严格的科学的管控。"

消费者主权时代已经到来，要"讨好"消费者，就要打造产品品质与优质服务。只有把消费者"服侍"好，消费者才有可能买账，愿意向他（她）的朋友们传播产品信息，塑造品牌的口碑。

新零售时代的大幕徐徐开启，搭台的仍然是企业，但是唱戏的主角已经不再是某个企业家，而是消费者。如今的消费者不仅是社交的（social）、本地化的（local）、移动的（mobile），而且也是个性化的，即所谓的"Me"消费群，追求自我、注重消费者主权是他们身上显著的特征。

他们渴望消费自由、消费平等，他们从无知到见多识广，甚至某些方面比卖家了解的都要多，于是他们在消费过程中获得了新的主权。

新时代的到来必然伴随着生产方式和服务方式的转变，而在零售革命的背景下，实体零售无疑处在风口浪尖，如何能在新时代里名列前茅，赢得消费者的芳心？这是每一位实体零售经营者必须考虑的问题。

4.3

从需求驱动到体验驱动的转变

分析用户的需求可以说是每一家公司必须做的事情，比如一家互联网公司的产品经理主要的工作就是根据用户的需求来进行决策，包括做哪些功能、不做哪些功能以及功能排优先级。可是一般的传统企业在做决策的时候，还是依据过往的经验、竞品分析或者领导的意思，这就是我们需要警惕、需要改变的地方！

企业做决策时应从三个方面来考量：一是需求的大小，首先要把用户分级，然后按照分级用户来决定需求大小，顺序是先满足普通用户的大需求，然后满足粉丝用户的需求；二是需求的全过程，也就是用户在满足自己需求的过程中的所有行为，除了基础功能以外，如果符合需求的全过程，就应该满足这部分超出产品边界的需求；三是需求的一致性，即需求的主线功能。

需求的概念是：消费者为了维持自身生存发展，购买商品或服务的欲望和能力。为了更清楚地了解消费者需求，我们先来对消费者需求与消费者需要这两个概念加以区分说明，大概就能看出其中的端倪了。一字之差，说明这两个概念是既有本质的联系又有明显的区别的。

消费者需要是一种心理学上的概念，当消费者维持自身生存发展需要消耗某些商品时，消费者就会产生希望得到这些商品的欲望。欲望指的是商品的消耗对消费者维持生存发展起作用，而不是能否得到这些商品。

成功的互联网产品往往就是因为对用户需求有了准确的判断、先知先觉，因而抓住了市场机会，独立潮头，而失败的互联网产品也正是败在没有把握住用户需求。

有很多创业者可能会说：我们也想抓住没人注意的用户需求，也好有个创业机会，但是观望市场，好像基本上没有用户需求的空白了。

然而，很多时候，看似有人在为消费者服务，但是并不意味着你就没有机会了，你可以仔细研究一下，对于目前的产品或服务，消费者充分满意了吗？或者说他们的需求得到完全的满足了吗？在现有的产品或服务基础上能不能做得更好、更便宜、更方便、更快捷、更好玩呢？

许多成功的互联网产品在这些方面做得很好。在"今日头条"出现之前，我们已经有了太多看新闻的渠道，报纸、电视、网络，哪里都能看。但是今日头条的定位是：你关心的才是头条！今日头条不是站在媒体的角度提供头条新闻，而是提供更精准、更及时的新闻。

微信解决的也不是通信问题。在微信出来之前，人们通信的需求一直被三大运营商满足，只是满足得不够好。微信的出现，让我们有了更方便、更省钱、效果更好的社交型方式——通过语音和视频在微信群、朋友圈满足了人们随时随地、超低成本移动通信的需求。

过去，我们去吃饭想找一家餐馆时，会沿街去找，或者问朋友哪里有好吃的，这样可以解决找到合适餐厅的问题，只是效率比较低下，而且带有片面性。有了美团点评之后，我们可以随时随地查找附近用户点评最高的、距离最近的、性价比最高的餐馆。美团点评为用户解决的不仅仅是找到一个吃饭的餐馆，而是满足用户找到更便宜、更好吃、更近、更方便的一家餐馆这个需求。

根据这个逻辑我们再去看用户的打车需求：从表面上看之前用户的打车需求已被满足，我们平时打车要么站在路边拦车，要么出门前就打电话到出租汽车公司提前约好，但是我们再想一想，这样的需求能否更好、更方便地被满足呢？

比如下雨天、上下班高峰期的时候，你站路边很长时间都打不着车，如果路程太近，司机还不乐意跑，别提多闹心了。而滴滴出行用移动互联网技术把打车的用户和司机连接起来，让用户知道司机在哪里，让司机知道哪里有乘客，让乘客知道司机还有多长时间可以到，所以滴滴出行这款应用并不只是解决了打车问题，更是满足了用户更好、更便宜地打车的需求。

但是，同时我们也必须认识到，很多消费者的需求是隐藏的，甚至连消费者自己也不是特别清楚，这就需要企业去挖掘，或者需要企业具有更为前瞻性的眼光才能发现趋势之中新的需求！

福特公司的创始人亨利•福特曾经问过很多用户："马车时代，你们到底需要什么？"很多用户回答说是需要一匹跑得很快的马。如果亨利•福特按照用户的需求来生产的话，他就不可能生产出汽车来，只能提供跑得很快的马。

但是福特仔细思考后发现：用户说需要一匹更快的马，其实背后的潜台词是用户需要的不一定是一匹马，而是更快的速度！马只是用户认知范围内的一个产品，他们并不知道有其他更好的解决方案，他们需要更快的马的真实需求是更快地出行的需求。

在诺基亚时代，人们对手机的产品定位就只是个通信工具，直到苹果把它重新定义成"数字化的生活方式"后，才完全颠覆了手机市场。如何才具有前瞻性，从满足需求到创造需求？尽可能地复制线上的体验，然后带给用户一些线下没有的体验，这将是后电商时代带给新零售商的机会。

在新零售时代，我们所有的创新模式和创新的营销手段都只是表象，而且也不是凭空而来、独立存在的，要知道最核心的其实就是用户需求驱动这个诱因。

4.4

"悦己经济"与女性消费的力量

有人说："要想赚钱，就要瞄准女人和小孩。"一直以来，商家的观念都是女人的钱最好赚。大多商人奉行"78：22"法则，即服饰、餐饮、建筑、珠宝、药物等22%的行业，基本上占了约78%的生活消费，因此，商人的传统经营领域大多集中在餐饮、服饰和珠宝等方面，尤其在妇女和儿童用品方面。

"男人赚钱，女人花钱"，这是许多人的观念。确实，在现实生活中，无论是线上还是线下，女性都是购物的主力军。她们不仅会购买自己需要的东西，很多时候，男性的东西也是由她们来买。正因如此，在零售行业中一般会让产品与女性的喜好更吻合。

据统计，女性消费者占全国人口的 48.7%，其中，年龄在 20 ～ 55 岁的中青年妇女占人口总数的 21%。女性消费者群体数量庞大，再加上在家庭中同时担任女儿、妻子和母亲等多种角色，她们需要购买的产品较多，成为家庭的主要购买者。女性对日常用品拥有购买决定权，所以商家只要打动了女性消费者的心，就能在市场中占得一席之地。

女性消费者在网购市场中所占的份额也非常大。比如，2018 年"三八"妇女节前夕，京东、天猫发布的女性消费趋势报告显示：女性消费呈现出高端消费者年轻化、国际奢侈品消费频率提高等趋势。数据显示，目前内地女性经济市场规模达到 2.5 万亿元，预计至 2019 年年底可达 4.5 万亿元。

这些观点和数据都印证了女性消费意愿和能力及女性在家庭消费中的主导地位，这是所有人都明白的道理，也是很多创业者的努力方向。但仅仅知道这些是远远不够的，我们应该在这些数据背后进行更深层次的思考。

上述女性消费数据只能说明女性是所购产品的决策者、买单者，但并非使用者或者说由她一人独享。她们扮演的角色可总结为贤妻良母，以及合格的女儿和儿媳。

但是在新零售时代，我们强调的女性消费更多的是除了为家庭购买做决策之外的"悦己型消费"，也就是说，在消费升级、家庭基本需求都满足了之后，女性开始关注在自己身上的"投入"。

她们需要好的化妆品去"保卫"易逝的容颜；她们需要完美的体型和生活的情趣，所以一张健身卡和一个插花班之类的学习卡是必不可少的；她们需要自己的社交圈子；她们需要一个人不为缘由地在一家精致的甜品店喝下午茶……总之，她们拥有了一个观念，那就是：我要对家人好，但是也要对自己一样好！

那么，对于零售商而言，产品或服务的设计就不一样了。以前女性消费更多的是"家庭需求型消费"，而如今的女性消费更多的是"悦己型消费"，女性对于产品选择的关注点不一样了。

她们会对商品的外观、情感因素十分重视，往往在外观和情感因素的作用下产生购买动机，而并非产品功能本身。因此，商品品牌的寓意、款式色彩产生的联想和商品形状带来的美感或气氛等都能让她们产生购买动机。

女性购买商品时往往注重细节，她们心思细腻、追求完美，是否精致是她们衡量产品好不好的重要依据，这就要求商家对产品的细节做到尽善尽美，避免显而易见的缺陷。

同时，门店的橱窗布置应注意明快、热烈的气氛；商品的设计、色彩、款式要温馨；在商品的包装装潢、经营方式等方面要新颖、别致；向她们宣传商品的具体价值，比向她们宣传商品的质量、性能效果更好。

现代的女性喜欢可爱温馨，不时带点小幻想，这就是为什么能够带来梦想的商品、杂志在女性中更为畅销。在高谈女性自立的今天，在女性的私人世界里，她们仍然继续做着孩子气的梦，除了可以买到偶像商品、幻想商品之外，还能够购买到"可爱"商品的咖啡厅、杂货店、精品店也很受女性的欢迎。

而且商家在面对女性消费者的时候，需要有足够的细心，紧跟着她们的需要，满足她们的需求。以电商孩子王为例，他们关注到了妈妈群体有一个特定的需求，那就是她们在接收孩子货品的时候，如果对方是一名男快递员，她们会感到不适。

因此，孩子王就安排有育儿经验、有一定妇幼保健培训经验的女性送货员送货，这就让女性客户感觉更加舒适，并且女性送货员在传递货物的过程中还帮助客户提供一些额外服务。

在国内，鲜花长期以来的定位是一种礼品，消费也往往集中在生日、纪念日、情人节、母亲节或是婚礼、会议等固定场景之下。有公开数据显示，国内礼品鲜花消费高达 95%，呈现出日常无需求，但节日供不应求的特点。

随着消费的升级，人们的鲜花消费理念也发生了改变。国家统计局的数据显示，2017 年全国居民人均可支配收入达到 25 974 元；欧睿信息资讯公司的研究表明，2020 年中国的中产阶层将达到 7 亿人。

国民收入提高、中产阶层人数增加使消费升级的概念不断普及，消费者的需求也从衣食住行转向高品质的生活。消费者愿意尝试用鲜花来提升品质，鲜花消费从"悦她经济"走向"悦己经济"。

"花点时间"是以周为单位对鲜花进行预购的品牌，创始人朱月怡在创业初始就提出"每周一花的小幸福"的创业理念：99 元包月，每周一束鲜花送到你家。某明星也是花点时间的早期投资人之一。在明星效应的带动下，广大女性也变得更"爱自己"，愿意用鲜花给自己一些快乐。

何为"悦己经济"？花点时间投资人张野表示："简单来讲，比你自己还要懂你，这才是悦己经济的核心。以前是悦人，现在生活水平高了，追求更美好的生活，我要为悦己而生活，这就是花点时间的概念。"

"如果说鲜花小众，那么买花儿的人群绝对不是小众。"朱月怡拿独立小店、听民谣等这样类似的小众情调来类比。朱月怡认为"生活类鲜花"这个品类面临的问题在于人们对于传统"买花送人"的意识还未改变，悦己型消费的习惯一旦养成，面临的将是亿元级的女性市场。

消费升级和"她经济"的兴起，使年轻女性的消费由"悦人"到"悦己"转变。都市女白领和家庭主妇愿意为美好生活的"软需求"产品买单，"悦己经济"已然形成。

4.5

关注用户体验，超越用户心理预期

美国作家约瑟夫·派恩在《体验经济》一书中提到："商品是有形的，服务是无形的，而创造出的体验是令人难忘的，这是产品与消费者心理相统一的结果。在体验经济时代，用场景吸引用户是新零售的基石。所以新零售特别注重创造各种各样的商业场景，让用户感受体验到产品的物超所值。记住：在体验经济下，用户感受有时比产品本身更重要。"

场景化与体验营销的思想源于传播学的奠基人之一勒温的心理场理论。该理论认为：个人与其活动的空间是一个心理场，在这个心理场中，个人和环境是两个主要的成分。

个人的行为是个人和个人所处环境共同作用的结果。用户的行为是个人和环境的函数。根据心理场理论，新零售模式应该以人为中心、以用户体验为目标以构建特定商业环境。人和环境是营销场景化中两个主要的要素，人与环境的互动是场景营销的核心。

勒温认为，人的心理活动是在一种心理场或生活空间中发生的，也就是说，人的行为是由场决定的。心理场主要是由个体需要和心理环境相互作用的关系构成的，它包括可能影响个人过去、现在和将来的所有事件，这三方面都能决定任何一个情景下的人的行为。

用户不仅关注产品本身，更关注产品所处的场景。因此，企业能否快速形成一种消费主张，主要看它的场景能否打动消费者。

梁宁在《产品思维30讲》中提到过一个观点："一个产品如果引发用户启动意识，让用户思考，从某种意义上讲，就是在推开用户，因为意识即防御。"

让用户放下防御，就是顺应用户的潜意识。只有在用户放下防御之后，用户才可以在没有阻碍的情况下，接受零售企业和店铺传达的信息。如果用户对你的产品还需要思考、琢磨，就说明用户还有顾虑，你的产品还有进步的空间。

这充分说明了站在用户的立场思考是多么的重要，想用户所想，即使用户没想到的或者未期望的，零售企业和零售商也需要提前想到、及时做到，这才是真正超越用户预期的方式。

从提升用户体验的出发点来看，新零售在业态方面应该丰富一些，能体现出时下的消费新潮流、新热点，能够顺应品质化、个性化的消费趋势；商品也应该新颖、时尚、亲民、接地气；布局应当别出心裁，以主题化、景观化呈现，其陈列应当混搭而具有创意，商品文案响应主题且灵活多变。

卖场或门店应充分应用各方面的科技创新，创造优质的购物氛围。比如，流畅的 Wi-Fi，一体化的线上、线下营销模式，功能全面的 App，无人机、AR 和 VR 等黑科技的运用，为消费者提供特定的活动场所和休息区域。

线下实体店的主要困境在于门店老化和经营老化，这让店铺的供应与消费的需求发生了错位，而在消费者需求得不到满足的情况下，店铺自然得不到发展。其实，线下实体店只需从商品、品牌和服务等方面做出改变，迎合新的消费需求，问题便迎刃而解了。

了解了相关知识点，我们再通过两个鲜活的案例来看看关注用户体验带来的好处。第一个案例是国内休闲零食第一品牌：良品铺子。良品铺子的成功原因有很多，接下来主要谈的是它如何通过创新来提升用户体验的。

良品铺子在用户体验痛点方面做出了一系列的探索努力，具体如下：1 小时零食到家，将零食快速送到消费者手中。之前买零食，无论是线下还是线上，消费者都需要等待比较长的时间。而现在消费者只需要打一个电话，1 小时内零食就能送上门。这无疑直接击中了消费者的痛点。

良品铺子还通过全渠道售卖策略，在线下实体店、官网、微店和第三方电商平台为消费者提供了便利的购买渠道。图 4-1 所示为良品铺子的官网。

这种线上与线下商超的融合包括了用户、商品、营销的全面一体化，而不只是卖货。以实体门店、电子商务、移动互联网为核心，通过融合线上、线下，实现商品、会员、交易、营销等数据的共融互通，向顾客提供跨渠道、无缝化体验。

图 4-1　良品铺子的官网

为了更好地了解用户、提升体验，良品铺子基于全渠道为核心的新零售布局，在顾客服务方面全面导入智能化服务平台系统、全媒体交互服务体系、自动化物流仓配及快递异常主动跟踪、顾客心声全流程追溯流程，让优质服务理念落地。其中，全媒体交互服务体系通过庞大的系统搜索和关键词设置，把所有东西抓取过来，并将用户触点拆分。

第二个案例是海底捞。去过海底捞的人都会留下深刻印象：如果没有预定，你可能需要排队半小时，甚至是 1 小时。为了避免等待时让食客心烦，海底捞做了许多努力，如在店外准备了小桌凳供食客上网、下棋、玩扑克牌等，同时还奉送瓜子、水果和饮料，甚至还提供擦皮鞋、美甲等服务。

走进餐厅之后，你会看到服务员们发自内心的微笑；当你点菜时，服务生还会根据人数给出建议，避免多点造成的浪费，这与某些餐厅服务员的强制推荐形成了鲜明对比。

关于海底捞超越用户预期的服务，只要上网搜索一下，相关信息多如牛毛，有人还写了一本书——《海底捞你学不会》，有人将之定义为"变态"服务。图 4-2 所示为消费者对海底捞服务的评价。

而在新零售时代，海底捞的"变态"服务又升级了：海底捞和用友共同投资了一家餐饮云公司——"红火台"，它的定位是：餐饮行业真正实现核心业务 SaaS 与企业 ERP 一体化的生态链平台与服务提供商。海底捞以此为契机，计划完成自身 IT 系统的整合和重建与智慧餐厅的设计。

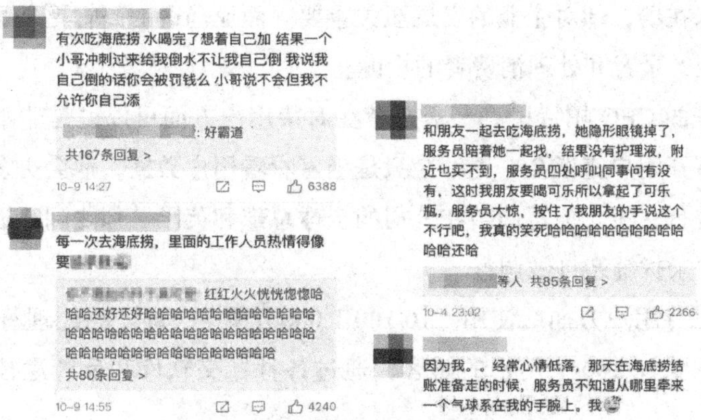

有次吃海底捞 水喝完了想着自己加 结果一个小哥冲刺过来给我倒水不让我自己倒 我说我自己倒的话你会被罚钱么 小哥说不会但我不允许你自己添

　　　　　　：好霸道

共167条回复 >

10-9 14:27　　　　　　　　　6388

和朋友一起去吃海底捞，她隐形眼镜掉了，服务员陪着她一起找，结果没有护理液，附近也买不到，服务员四处叫同事问有没有，这时我朋友要喝可乐所以拿起了可乐瓶，服务员大惊，按住了我朋友的手说这个不行吧，我真的笑死哈哈哈哈哈哈哈哈哈哈哈哈还哈

　　　　　等人 共85条回复 >

10-4 23:02　　　　　　　　　2266

每一次去吃海底捞，里面的工作人员热情得像要　　

　　　　　红红火火恍恍惚惚哈哈

共80条回复 >

10-9 14:55　　　　　　　　　4240

因为我。经常心情低落，那天在海底捞结账准备走的时候，服务员不知道从哪里牵来一个气球系在我的手腕上，我😭

图 4-2　消费者对海底捞服务的评价

　　围绕海底捞应用需求，红火台餐饮云平台在菜品食材、消费者、行业及交易等大数据支撑下搭建门店运营、连锁运营、会员运营等服务内容，用标准化手段提供个性化服务；运用大数据优化并改变成本结构，提高整体运营效率。

　　点餐收银系统是红火台系统非常重要的功能。海底捞点餐收银系统的技术改造，给海底捞的服务带来了一些新的提升。比如优化"千人千味"，在口味选择上多出部分选项，并对每种火锅选材做出了一段精致说明，以前你可能只知道牛油麻辣火锅，现在你可以知道里面的"汤汤水水"。同时修复了以往无法区分的整份、半份价格的漏洞。"吃完就走"＋自动开票：通过自动支付，吃完就走，非常便利；发票快开环节，大大提升了开发票的效率和便利性。

　　其实在利用科技提供服务方面，海底捞一直走在前列。比如电话识别技术，只要打过电话，下次再打电话时系统便能获取消费者的姓名、定位信息和相关要求。

　　虽然在部分消费者看来，海底捞的一些尝试让人觉得有点"过分热情"，但是不可否认，它通过科技满足了消费者的个性化需求，让消费者获得了远超预期的服务，这也是海底捞能够获得成功的重要原因。

4.6
构建"以消费者为中心"的价值体系

　　亚马逊的 CEO 杰夫·贝佐斯开会时会摆一把空椅子，这是为了提醒参会人员：

消费者虽然未在场，却对企业的发展至关重要。而亚马逊的高管更是每周抽出几小时来听取客服的录音和处理消费者的投诉。

联合利华的 CEO 帕特里克·赛斯考在对待用户方面可以说是非常用心，他不会在会议室召开用户座谈会，更不会只是坐着看看用户数据，他会更多地选择在市场中和用户进行交流。他每周会在公司的全球总部和英国总部之间往返，而在往返途中，他会去杂货铺亲自做调查。

腾讯在对待用户方面，使用"10/100/1 000 法则"，即产品经理每月需要做 10 个用户调查、关注 100 个用户的博客、通过各种社交软件和反馈途径收集用户的 1 000 个反馈。

史玉柱认为，除了保洁员之外，从事消费品生产和销售的公司的每个员工都需要了解消费者。为此，他曾经在公司内部做出规定：所有营销人员每周要做 50 个消费者的访谈，部门和分公司的经理每个月要做 30 个消费者的访谈，研发团队也要走到消费者中去做研发。

从上面这些案例不难看出，现在大多数零售企业都知道把"以消费者为中心"作为一个经营理念，他们把这些话挂上墙，使之成为公司的核心价值观。但是，虽然口头上这么说，事实上大多数公司并没有真正地做到，于是乎"以消费者为中心"就成了一个幌子。

有一个小故事在社交网络上曾经被广泛传播，但是很多人看完了并没有悟出其中的道理：一个老太太去卖水果的地方，从一家走到另一家，结果没有买到想要的东西。原来，当老太太说要买枣子时，销售人员立即跟她说他们的枣子是山东的，或者是北京的，或者是河北的，枣子非常好，又脆又香又甜，但是这个老太太都摇头，也都没有买。

此时，一个卖水果的小伙子问："阿姨，你需要什么样的枣子呢？"老太太这才说，她的儿媳妇怀孕了，想要吃酸枣。这个小伙子马上就明白了，跟她介绍自己这里有一种酸枣，可以买一点尝一下，同时还推荐了猕猴桃，不仅营养好，而且也是略带酸味的。

老太太在听完小伙子的介绍之后非常高兴，不仅买了酸枣，还买了一些小伙子推荐的猕猴桃。结果，第二天老太太又来买猕猴桃了，她说她的儿媳妇觉得猕猴桃比枣子更好吃。

案例中的小伙子之所以能够成功让消费者购买自己的商品，其中关键的一点就在于他懂得以消费者为中心，根据消费者的需求进行推荐。

　　当然，"以消费者为中心"并不只是看到消费者的当前需求，更重要的是在分析问题的基础上，寻找解决问题的方法，挖掘消费者的潜在需求，提供高于消费者预期的服务。

　　同时，对服务结果的评价也要以消费者的评价为中心，只有"消费者满意"才能体现服务的应有价值，一流的服务就是要为消费者多做一步，提供满足并超越消费者预期的服务。

　　虽然有些企业也认为以消费者为导向很重要，甚至把消费者导向列入了企业的规章制度来要求员工执行，或引进一套好的流程，强制性地要求员工照章执行，但结果收效甚微，常常出现员工推诿、找借口、表里不一的做法。

　　这种情况的出现主要是因为在制度要求之下，以消费者为导向是被动的，员工在执行的过程中就很难发自内心，因此，相关人员在为消费者提供服务时往往不会太走心，这样，自然就做不好事情了。

　　在新零售风口下，物流行业也在发生着巨大的变革。百世集团董事长兼首席执行官周韶宁认为："现在的商业形态变了，企业的边界已经越来越模糊。以前是以商家、工厂为核心，现在是以消费者为中心。新零售下，消费者的需求应该被放在首要位置。"

　　"新零售"的概念一经出现，各行各业都受到了一定的冲击。而在这种大形势下，有一家服装公司不仅没有受到冲击，反而借此成功地进入了新零售的行业，这家公司就是"太平鸟"。

　　所有的零售企业都知道"以消费者为中心"，那消费者需要的究竟是什么呢？太平鸟董事、女装事业部总经理陈红朝给出了答案：去问你的闺蜜。为什么她对你的描述特别清晰简单？不是她厉害，而是她跟你太熟悉了。所以，了解消费者到底需要什么，答案很简单——成为他们的闺蜜。

　　太平鸟为了更好地践行"以消费者为中心"，提出了"ABC 计划"：A 计划是聚焦畅销品；B 计划是减少滞销品；C 计划是推出更多新鲜货品。要先确保好卖的商品够卖，再确保不好卖的商品生产能得到控制，最后不断补充新的商品。只要抓住了这三点，就抓住了要害。

　　我们大谈以消费者为中心的新零售，不仅是围绕零售环节，还要将之融入研发和品牌建设环节，即为消费者提供更好、更有价值的产品，才可以保持真实的用户黏性。

　　在产品研发阶段就开始研究用户，找出用户的痛点，研发出真正为用户带来价值、超出用户想象的创新产品，从而让用户自发地成为你的粉丝！而不是等产品上架之后通过各种零售技巧和对消费者的围追堵截和狂轰滥炸式营销，那样只能让消费者感到厌烦和不胜其扰。

"以消费者为中心"还应该为消费者传递清晰明确的产品定位和市场目标，为目标用户和产品之间建立情感纽带，让用户与产品之间不再只是冷冰冰的商品买卖关系，而是实实在在的充满情感的用户与产品间的交互，这样才能真正解决消费者的需求，获得他们由衷的认同。

实体店新零售之工具篇

——

第 5 章

- ✦ AI 应用：从信息化到人工智能
- ✦ 如何将 AI/AR 技术融入零售店铺
- ✦ 大数据：形成零售企业精准运营策略
- ✦ 莫让你的数据只是数字
- ✦ 大数据驱动传统零售精准营销
- ✦ 未来每个企业都要变成数据公司

5.1

AI 应用：从信息化到人工智能

信息化曾经是商业领域软实力的绝对象征，在大型零售企业广泛应用，包括 ERP（企业资源计划，核心是供应链管理）、SCM（供应链管理）系统、PM（采购管理）、SRM（供应商关系管理）、CRM（客户关系管理）、WMS（仓库管理）系统以及进销存系统、人力资源管理系统等。

但是，这些信息化技术的应用更多的是为了企业内部流程的高效管理，而对消费者的服务和体验方面的提升帮助不大。新零售时代，用户成了兵家必争之地，零售企业不能再只顾完成内部的信息化建设就万事大吉了，而透过人工智能的运用给用户带来省心、便利和够炫的体验才是更重要的事情！

人工智能（artificial intelligence，AI），是指研究、开发用于模拟、延伸和扩展人的智能的理论、方法、技术及应用系统的一门新的技术科学。

人工智能是计算机科学的一个分支，它企图了解智能的实质，并生产出一种新的能以人类智能相似的方式做出反应的智能机器，该领域的研究包括机器人、语言识别、图像识别、自然语言处理和专家系统等。

过去，人工智能跟开店做生意是根本沾不上边的，再说这也是完全不同的两个领域，从业者更是完全不同的两类人。但是，再尖端的科技都是为人服务的，不能给产业效率带来提升、不能给人带来方便的科学技术都不是创新，而是纸上谈兵。

在"新零售"时代背景和资本的催化下，人工智能技术正在逐步落地，助力商业零售领域，带来了一系列的智能化产品、智能化店铺以及智能化购物体验，诸如人脸识别、虹膜技术、语音搜索之类的人工智能技术正在给传统的商业格局带来巨大的想象空间。

其实，早在 2013 年 Tesco 便做了人脸识别播放定制广告的策略。消费者通常会在收银台附近停留一段时间，而 Tesco 便是通过这一点在收银台附近对消费者进行脸部扫描，获取手机号码等相关信息，并根据相关数据，结合消费者的基本信息，将最具说服力的商品推荐给消费者。

亚马逊作为国际电商巨头，也早早地开始将人工智能用于零售体系，亚马逊 2017 年宣布在全球率先启用全新的"无人驾驶"智能供应链系统，图 5-1 所示为亚马逊推出的无人驾驶玩具车。

图 5-1　亚马逊推出的无人驾驶玩具车

　　基于云计算、大数据分析、机器学习和智能系统等方面的领先优势，亚马逊全新的"无人驾驶"智能供应链可以自动预测、采购、补货、分仓，根据客户需求调整库存精准发货，从而对海量商品库存信息进行自动化、精准化管理。

　　而在国内，肯德基于 2016 年 4 月在上海推出首家概念店"Original ＋"，引入百度度秘机器人为消费者服务，如图 5-2 所示。

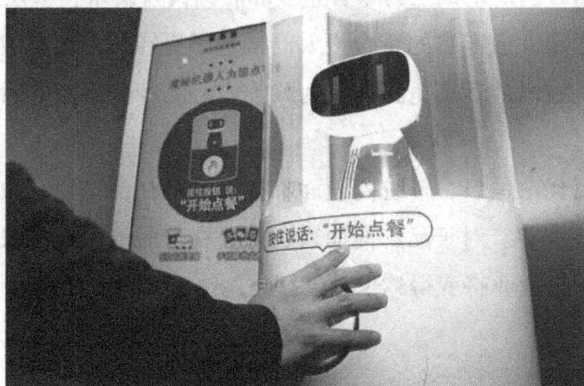

图 5-2　肯德基引入百度度秘机器人

　　2016 年 12 月 23 日，肯德基又在北京金融街开设了全国第二家"Original ＋"智能概念店，该门店引入了"人脸识别"点餐系统，对进店顾客，系统会自动扫描拍照，并判断其年龄、心情等指标，根据这些指标给进店顾客推荐个性化套餐，完成消费闭环。

　　2017 年 7 月，阿里巴巴推出"淘咖啡"。用户首次进店，只需打开手机淘宝，扫码并签署相关条款，即可通过闸机开始自由购物。用户离开时，购物费用将通过支付宝自动扣除，可以说是实现了"拿了就走"的购物体验。

京东无人仓位于上海的仓库建筑面积为 40 000 平方米，包括收货、存储、订单拣选、包装 4 个作业系统。从商品入库、存储，到包装、分拣，真正实现全流程、全系统的智能化。其最大的特点就在于通过机器人的多规模、多场景运用，从入库到打包的相关环节都由功能各异的机器人来按照系统指令完成。

货物包装方面采用智能算法精确推荐包装材料，可以实现全自动体积适应性包装，在规划中融入了低碳节能的理念，目标是不浪费 1 厘米包装材料。无人仓日处理订单的能力超过 20 万单，而传统仓库一天的订单处理量只有 3 万～ 4 万单，无人仓库是人工仓库效率的 4 ～ 5 倍。

人工智能在电商领域也得到了广泛应用，比如智能客服在帮助人工客服提高解决问题的效率上，能"以一抵千"。过去，智能客服的角色是非常单一的，仅支持文字回复，而如今的智能客服具备自然的语言处理能力和深度的学习技术。它可以根据客户信息进行定制化的产品推荐，并提供订单修改、退货、退款等服务。

伴随着准确度的提升，机器和计算机可以更好地对消费者的消费行为进行预测，帮助零售商更好地进行决策。而通过对数据的识别和学习，则可以建立完整的数据库，并在数据分析的基础上为零售企业和店铺调整策略和掌控市场指明方向。

人工智能技术跟商业零售的结合给人们带来了更轻松、更有趣的生活方式。不难发现，人工智能技术的运用，正在成为购物中心品牌商家新的营销点和抓住消费者的亮点。

站在新零售时代的风口，传统商业面临洗牌已是在所难免，人工智能技术的运用无疑会加速行业洗牌。对于品牌商而言，想要在这股浪潮中扬帆起航，自然需借风使船。因为，未来商业将变得越来越"智慧"。

5.2

如何将 AI/AR 技术融入零售店铺

如今只要提到"新零售"，几乎就能从中看到 AI/AR 技术的身影，这不是因为智能化是一种潮流，或者商家为了招揽生意而想出来的噱头，而是因为这些技术的运用不仅为零售行业提升了效率、提高了营销的能力，也给消费者带来了更好的购物体验。

我们先来看两个随着新零售崛起的无人便利店的案例。"Amazon Go"使用的是图像分析和音频分析。它通过摄像头检测用户的方位，并通过多个音频根据时差分析用户位置。另外，它可以通过天花板上的天线测量确定用户位置，而消费者手机上的 GPS 也能提供定位。图 5-3 所示为"Amazon Go"的店面情况。

图 5-3　"Amazon Go"的店面情况

人像识别、大数据分析和物联网等技术的应用，促进了无人商业的快速兴起。人工智能化可以最大限度地减少人工成本，并且还能更准确地获取消费者的消费需求，针对需求提供商品和服务，把交易变成一种双向的选择，大大提高交易的成功率。

"缤果盒子"是一个创立于 2014 年的 24 小时智能无人便利店品牌，截至 2018 年年底，缤果盒子已经在包括北京、天津、成都和大连在内的 40 余个城市开设了超过 500 家门店，其开店速度为传统零售店的 10 倍。

缤果盒子是一个 20 平方米的全落地窗便利店，店铺中的商品一目了然。消费者只需扫码进店，选择商品之后将其在结算台扫码支付对应金额便可以完成购物。图 5-4 所示为缤果盒子的店面情况。

在传统实体零售店中，收银员通常占到人工总数的 50% 左右，而人力成本也达到了店铺总成本的 25% 以上，但是缤果盒子借助人工智能大幅降低人力开支，且通过消费者扫码结账，也可以获得相关的消费数据，为消费者的喜好分析提供依据。

缤果盒子创始人陈子林表示："在中国人工成本占比最高的零售店不是永辉、沃尔玛这些大型商超，而是传统小区中的夫妻店，这类店铺平均每天有 90% 的时间是等待，只有 10% 的时间在做交易，而使用 BingoBox Mini 以及一些改造后，夫妻店可以节约 50% 以上的人力成本，全中国有 680 万家夫妻店，理论上都可以适用。"

图 5-4　缤果盒子的店面情况

陈子林还认为："无人便利店是一个新物种，因前台无人化，缤果盒子可以'反流量'生存，在以往低人流量、无法养活传统便利店的区域为用户提供零售服务。在未来，标准化程度高的社区型便利店会越来越多地成为无人化便利店。"

当然，不只是无人店需要人工智能技术，我们在第 2 章的案例中就说过，AI/AR 技术也在很多"有人的"零售店得到了大量的应用。

智媒云图在《2017AI 新零售白皮书》中谈到 AI 落地零售行业的应用方面时，认为 AI 通常聚焦于五大场景，包括智慧门店、智能买手、智能仓储与物流、智能营销与体验和智能客服。

其中智慧门店是重点探索的领域，也是技术综合应用的集成体现。智媒云图人工智能工作室调研发现，目前 AI 实际落地门店主要是通过摄像头的图像识别、人脸识别辅助管理的。

那么，AI/AR 技术怎样融入零售店铺呢？或者说在实体零售应用之后能带来哪些具体的好处呢？

5.2.1　通过 AI 个性化推荐，进行精准匹配

在零售业中 AI 落地通常都是为了改善购物体验，比如，线上零售的个性化推荐就是基于 AI 技术形成的一种精准营销手段，通过消费者的消费信息对消费者的购物需求和偏好进行分析之后，将消费者有需求的商品进行匹配推荐，从而从整体上提高成交率。

5.2.2　AI 技术帮助零售商对未来的销售进行预测

AI 技术对零售商来说就是预测未来销售的重要工具，零售商可以借助 AI 技术分析消费者的需求量，并据此进行生产和供应，从而通过控制产量和库存避免不必要的损失。

比如，德国电商企业 Otto 通过分析数十亿次交易，对消费者下单购买的商品进行预测，并据此大量降低库存量。就是这一看似简单的举动，帮助该公司降低了产量过高的风险。

除了预测消费需求之外，AI 技术还可用于零售商进行线下店铺扩张时预测店铺的未来表现，从而提高开店的成功率。

5.2.3　智能电子价格标签在零售行业的运用

走进盒马鲜生，吸引顾客眼球的除了超大的帝王蟹，还有货架上整齐划一的电子价格标签。

传统零售的价签管理用的都是纸质的价格标签，纸质价签虽然初始投入低，但是商场超市不断的调价操作需要大量的人工维护，不但标价错误难以避免，人力成本也比较高，而且纸质的价签有时容易从货架上掉落，导致价标与产品无法一一对应，给顾客带来困扰。

电子价格标签是通过后台和前端的信息联网，进行实时信息更替的电子显示装置。与传统纸质价格标签不同的一点在于只需在后台修改，价格标签上的信息便会快速变化。

5.2.4　AR 虚拟试戴与场景导购

AR 技术是将虚拟的信息通过电脑等科技进行仿真，与真实世界叠加后，实现与真实世界"无缝"对接的新技术。该技术的运用能够让虚拟信息被人类感知，获得超现实的感官体验。

2017 年 5 月 7 日，天猫与周大生签署战略合作，周大生 2.0 版的智能体验店在签约当天揭幕，店内"智能魔镜"导购全面升级——AR 交互技术与天猫交易链路全面打通，将为消费者在线下提供饰品"虚拟试戴"以及线上交易下单的即时服务。通过 AR 技术，消费者只需通过简单的操作，便可以查看虚拟佩戴的效果。

以往我们选购家居类产品的时候，摆放效果完全凭想象，因而往往会担心摆放位置、颜色和家装风格搭配的问题，从而影响购买决策。通过 AR 场景导购，则可以真实地呈现家居的摆放效果。其实，早在 2013 年，宜家便据此推出了一款互动产品，消费者只需打开摄像头便可以查看家居的放置效果。

AR 场景导购的方式，还可根据风格的不同随意切换，最大限度地满足不同人群的个性化、多样性需求。它不仅能强化商品的感知力，还能让消费者获得多样化、多角度的商品体验，促进消费者下单。对于商家来说，更是扩大了商品展示的丰富性，节约了成本。

除了实体店，电商巨头们也热衷于 AR 技术的运用：2017 年亚马逊名为 AR View 的购物功能上线；天猫推出 AR BUY ＋功能；京东推出以 AR 美妆为首的 AR 购物。AR 购物的可视化升级正在帮助电商巨头解决消费者在线上无法触摸产品的痛点，同时在电商巨头的推动下，AR 购物也迎来了更多可能性。

利用 AI 技术，零售商会更加知道消费者想要什么，甚至比消费者更先知道他们的需求；而 AR 技术让消费者能够身临其境，让原来难以触摸的商品近在咫尺。

5.3

大数据：形成零售企业精准运营策略

根据麦肯锡全球研究所给出的定义：大数据是一种规模大到在获取、存储、管理、分析方面大大超出了传统数据库软件工具能力范围的数据集合。它具有四大特征：海量的数据规模、快速的数据流转、多样的数据类型、价值密度低。简单地说，就是对海量数据中那些有意义的数据进行专业化的处理。

大数据本来就是一个比较抽象、不容易把握的概念，那它又是怎样和新零售进行结合的呢？对此，我们可以先通过"啤酒和尿布"的例子了解两者之间的关联。

20 世纪 90 年代，沃尔玛管理员在分析数据时发现了一个现象：啤酒和尿布本来是两种看似风马牛不相及的商品，但就是这样两种商品，常常会被消费者同时购买。经过调查之后，发现该现象主要出现在年轻父亲这一群体中。这一群体会到超市为自己的孩子购买尿布，与此同时，他们还会给自己买啤酒。

针对这一现象，沃尔玛为了方便年轻父亲更快地完成购物，尝试将啤酒和尿布放在一起，甚至通过一些举措将这两种商品绑定销售。就是这些举动，帮助沃尔玛获得了比较好的销售收入，这也是零售店通过数据分析助力促销的早期例子之一。

数据以及基于数据分析得到的结论对企业的经营是很有价值的。越来越多的企业也乐意给自己打上数据的标签。比如"滴滴出行""摩拜"等出行类工具，虽未上市，但估值都在数十亿、上百亿美元。如果单纯从其本身的业务模型来看，虽然可以实现盈利，但不足以支撑如此高的估值。

但是更多的投资者看重的是其出行背后数据产生的商业价值。如果这些数据应用于零售行业，通过分析可以做出更好的选址决策，基于人群的年龄、职业、喜好等画像分析，也可以帮助零售商在商品层面以及运营层面做出更好的策略。

阿里巴巴对于新零售的定义是"以消费者体验为中心的数据驱动的泛零售业态"，其中包括了两个关键点，一是"以消费者体验为中心"，二是"数据驱动"，由此便不难看出数据的重要性。

大数据可以说是新零售的核心竞争力，正因如此，每一个企业、每一家店铺都会想方设法地挖掘相关数据，然而大多数企业和店铺对于会员信息、销售信息和售后信息等内部数据未给予应有的重视。

在新零售时代，零售企业需要借助大数据，通过专业平台手机数据，打通内部数据，并通过对数据进行合理分析，了解消费者的消费行为和习惯，进行精准营销，提供精准的优质服务。

传统实体店的经营更多的是依靠经验，所以有时候商家的商品都是根据供应和价格来决定，却没有充分地了解消费者的需求。但是仅凭销售数据很难判断消费者的行为变化。

而在新零售时代，商家可以借助店内的 Wi-Fi 探针和蓝牙感知等技术，自动识别消费者的手机或其他联网设备的数据，直接了解消费者在店内的一些数据，为店铺的管理找到方向。

百丽是一个多元化的时尚品牌，目前在国内 400 多个城市拥有 20 000 家以上的直营店，门店日均流量可超过 600 万人次。图 5-5 所示为百丽线下实体店。这个曾经被称为"鞋王"的品牌，在电商的竞争下，业绩曾一度快速下滑，而新零售也为其发展提供了机遇。

图 5-5　百丽线下实体店

2018 年 7 月 19 日，"百丽国际"与"地平线"签署战略合作协议，携手挖掘数据背后的潜力，通过数字化技术手段为员工赋能减负，提升产品和服务质量，提高效率，提升消费者体验。

在充分发掘、利用百丽已有的数据方面，地平线创始人兼首席执行官余凯表示："零售场景是地平线人工智能技术落地的重要场景之一。地平线不是仅仅向零售商提供设备，而是为零售商提供基于地平线'算法＋芯片＋云'战略的完整解决方案。"

借助地平线研发的旭日芯片和 IPC 硬件及其业内领先的算法和技术，百丽不仅能够获得线下的消费数据，而且能对数据进行精准的分析，从而通过数据为百丽提供决策依据。

消费升级、互联网技术和大数据的应用，帮助零售业进入新零售时代。虽然许多品牌和商家都有做用户调研的习惯，但是即便做了用户调研，效果往往也难以达到预期。

和传统调研方式相比，大数据的应用可以让商家获得更丰富的样本数据，分析的准确率和效率也会更高一些。通过大数据，商家调研数据的广度和深度得到提升，也能够为商家提供更好的解决方案，对市场的未来趋势进行更为精准的预测，从而根据预测进行营销，提高营销的针对性。

在购物选择空间越来越大的大环境之下，零售企业依靠以前的营销方式是很难获得成功的，但是通过大数据技术的运用，商家可以更好地进行用户画像，准确把握用户的需求，从而在此基础上对消费者进行个性化的推荐，真正实现精准营销。

5.4

莫让你的数据只是数字

前段时间，笔者到山东一县城讲课，有一位在当地经营企业很成功的老板陈总是生产外贸袜子的，企业做了近 20 年，员工有一两千人，也算得上是行业龙头了，但是由于人力成本的上升。外贸订单的利润越来越薄，赚钱大不如以前，于是他想到要转型。

如今这个年代说到转型，好像不与互联网沾点边都不好意思开口，陈总花了上百万元找技术团队开发了一套商城系统，专门卖他家的袜子，出口转内销打造品牌。他说现在商城刚上线，准备花 100 万元推广费吸引用户注册，目标是覆盖县城 50% 的消费人群，他问我该怎样设计这个营销方案。

我说：陈总，你真是有魄力，为了卖袜子花了小两百万元啊！为什么不到天猫或者拼多多上开个店呢？

哪知道陈总用暗自得意的语气说道：时老师你有所不知啊，为了这事我专门报了某某大学的总裁班，我表面上是卖袜子，实际上是在做大数据啊！

看我疑惑的表情，他继续说：只要会员注册量上来了，我什么不能卖？可以卖吃、喝、拉、撒的产品，甚至还可以卖车子和房子，而且我这些会员都是本地的，广告价值非同一般啊！

且不说这些花费巨资得来的会员手机号并不比花数千元买来的号码能产生更多价值，也不说用户注册了之后能在袜子销售上产生多少转化，单说这二三十万个手机号码，这是数据吗？甚至还叫大数据？！抱歉，这只能叫数字！充其量也只能叫"数据量大"！

大数据（big data）是指无法在一定时间范围内用常规软件工具进行捕捉、管理和处理的数据集合，是需要新处理模式才能具有更强的决策力、洞察发现力和流程优化能力的海量、高增长率和多样化的信息资产。

顾名思义，大数据就是一个体量和数据类别都特别大的数据集。大数据的意义不在于掌握了多么庞大的数据信息，而是用什么方法分析这些数据，然后得出其中有价值的信息。

毋庸置疑，对于任何一家企业来说，拥有数据不是目的，重要的是将数据加工利用，发挥出它应有的威力，从而实现为营销助力的目的。但是，把用户数据的分析结果和实体零售的营销结合起来并不是那么容易。

想要完成从数据分析到数据应用的整个工作流程，至少还有以下技术环节：

（1）实现数据平台和营销的对接。将数据分析结果和营销进行充分的结合，让普通营销人员可以更好地完成数据营销。

（2）实现数据平台和销售平台的对接。将传统营销变成数据营销，提高营销的针对性。

（3）实现数据平台和购物体验的对接。如果数据未能与购物体验进行对接，那么数据营销的准确率和效率将很难得到保障。

新零售时代，虽然零售企业和商家可以选择的技术比较多，但是需要注意的一点是，任何技术只有在运用的情况下才是有价值的。当一家企业拥有了大量的数据，只有分析产生了价值才有可能客观、准确地指导企业的各种商业行为决策，甚至催生新的思维模式和商业模式。

零售企业更加需要高度重视自己的大数据资产，并加以分析利用，包括 CRM 顾客数据、社交媒体粉丝数据、供应商数据、企业运营数据、行业数据、天气数据等。零售企业需要整合和积累数据，并通过数据分析，深入挖掘数据的价值，将其转化为用户价值。

但是，很多中小零售企业不是 BAT 那种大公司，对于零售大数据，真的能用起来吗？事实上，对于一家中小企业尤其是实体店来说，要想运用大数据绝非易事。

对于中小型零售企业来说，需要的不是大数据，而是"小数据"，或者说，小数据也能变成大数据——经过时间的累积或者与其他数据相关联，小数据都有演变成大数据的可能。然而，一份所谓的大数据，要是没有关联性、没有价值，那么也不能算是大数据。

有人可能要说：你不讲我还清楚，你越讲我反而越糊涂了。刚才聊了半天的大数据，怎么又冒出小数据来了呢？那到底什么是"小数据"呢？

全球品牌顾问马丁·林斯特龙（Martin Lindstrom）在其新书《小数据：发掘大趋势的微小线索》中，针对大数据提出反思，主张"小数据"更重要，也就是针对个别消费者言行举止的细微观察，就足以促成重大的创新与发明。

马丁·林斯特龙认为："要是说这个时代的 100 个大创新中，有 60%～65% 实际上是通过小数据而来的，一点都不为过。"

相对于大数据，小数据可能要更真实一些。因为小数据既可以是某个时间段的数据，也可以是不同季节的消费数据。它包含的内容可能有会员信息、品类销量和消费记录等。

应用小数据的门槛较低，只要有基本的零售数字化管理系统即可。如今市面上针对智能门店的 SaaS 软件、CRM（客户关系管理）系统很多，只要可以对接企业现有的 ERP、POS 等内部系统，然后逐渐将多种孤立的数据源进行有效整合利用就行。即使连基本的 CRM 系统都没有，那小数据也还是可以玩得转的。

例如，借助微信的关注和扫码功能，商家可以快速与消费者建立联系，为消费者提供服务，并且通过订单管理，商家还可分析消费者的购买偏好和商品的潜在消费者。在此基础上，商家可以给消费者打上特定的标签，对消费者进行精准的分析。

小数据的价值不仅在于了解消费者，更在于它可以通过对消费者进行特征分析，搭建自己的运营体系，并在此基础上实现转播、引流和转化，为品牌发展获得持续的推动力。

小数据对零售企业而言上手简单，而且容易产生一些实实在在的效果。

我们知道，传统门店并没有将品牌和消费者进行连接，而新零售时代，我们需要深度构建品牌和客户强关系，实现产品有"温度"，服务有"速度"；找到用户生态入口，构建自己的用户群体，实现不同品牌的交叉式推广和营销；将小数据运营和整合，扩展更多的产品服务项目，比如个性化定制、即时服务等。

数据的力量体现在它不仅改变了个人的生活，也在改变着零售业的发展方向。新零售时代，数据的价值正在不断凸显，未来零售企业要想发展，一定是离不开数据分析的。

5.5

大数据驱动传统零售精准营销

《纽约时报》刊登的一篇名为《这些公司是如何知道您的秘密的》的报道中介绍了这么一个故事：一位男士跑到塔吉特折扣连锁店向经理投诉，原因是该店铺竟然给他的女儿寄去了婴儿服装和孕妇服装的优惠券，要知道，他的女儿现在还在上高中呀！

后来这位男士在与女儿的通话中，发现女儿真的怀孕了。在了解到这一情况之后，该男士最终选择打电话向塔吉特折扣连锁店致歉。那么塔吉特是怎么判断这位男士的女儿怀孕的呢？这是因为它运用了大数据的"关联规则＋预测推荐"技术。

网络上也有一个关于大数据的笑话，笔者觉得很形象，为了更好地理解大数据，现分享如下：

某比萨店的电话铃响了，客服拿起了电话。客服：×××比萨店，您好，请问您需要什么样的服务？

顾客：哦，我想买一份……

客服：先生，能不能把您的会员卡号先告诉我？

顾客：1384614××××

客服：刘先生，您好！您住在湖南长沙××××，手机号是138765××××。请问是将东西送到您的住宅吗？

顾客：等等，你是怎么知道我所有的联系方式的？

客服：刘先生，我们联机到CRM系统，您的相关信息是可以查看的。

顾客：我想要一个海鲜比萨。

客服：刘先生，海鲜比萨不太适合您啊。

顾客：嗯？什么意思？

客服：您的医疗记录显示，您的血压和胆固醇偏高，不适宜吃海鲜。

顾客：哦，那你有没有什么好的推荐呢？

客服：建议您试试我们的低脂健康比萨。

顾客：咦，你怎么知道我喜欢这种比萨呀？

客服：您上个星期一不是在图书馆借了一本《低脂健康食谱》吗？由此可以看出您对于低脂健康的食品比较感兴趣呀！

顾客：哦，那我就来一个特大号的比萨吧！多少钱呀？

客服：这个比萨79元，您一家5口吃应该够了，但是您父亲要控制一下，他上周刚做完心脏搭桥手术，不宜多吃。

顾客：哦，那怎么付钱呢？刷卡行吗？

客服：嗯，刷卡是可以的。但是，您的信用卡已经刷爆了，并且您还欠了3 000元，这里面还不包括房贷和车贷。

顾客：哦，那我去 ATM 取款好了。

客服：刘先生，您今日已经超过提款限额了。

顾客：那算了，我还是用现金吧。你们直接把比萨送到我家好了，大概需要多长时间呢？

客服：因为现在店铺的订单比较多，可能要 1 小时左右才能送到。如果您不想等这么长时间，也可以开车来自取。

顾客：感觉开车过来有点麻烦呀！

客服：根据我们的全球定位系统显示，您上个月贷款购买的车牌为湘 A×××××现在正在 ×× 路，您到我们店只需 20 分钟左右，不会很麻烦的。您可以在 ××路直行 2 千米，然后……

顾客听到这里之后，直接将车靠边停好，疲惫的身子瘫在了车座上。

虽说故事有些夸大其词，但是反映了大数据应用的本质。而上面这两个案例背后传递的信息都是：商家必须掌握到用户足够多的数据信息，然后加以分析，才能够实现精准的营销。

精准营销就是商家用各种渠道，将营销信息推送给精准的目标受众群体，让消费者的钱花在"刀刃"上。再直白一点，精准营销可以让一个祛痘产品的信息只出现在"95 后"这类人群的手机或者电脑上，让妇产医院、尿不湿、奶粉的广告出现在一对刚刚结婚的人的手机上。

今日头条知道你喜欢看什么新闻；酷狗知道你喜欢听什么音乐；美团外卖知道你喜欢吃煲仔饭；淘宝知道你想买什么围巾；宝宝树知道你孩子该上美术兴趣班了。其实这一切都是精准营销的结果！

随着互联网的不断深入发展，大数据给企业营销带来的影响已然不容小觑，零售企业的专注点应该逐渐聚焦于怎样利用大数据来进行精准营销，进而更高效地挖掘出潜在的商业价值。

大数据营销在用户行为与特征分析、精准营销信息推送支撑、引导产品及营销活动、竞争对手监测与品牌传播、品牌危机监测及管理支持、企业重点客户筛选、改善用户体验、SCRM 中的客户分级管理支持、发现新市场与新趋势、市场预测与决策分析支持、企业的营销管理等方面都可以发挥巨大的作用。

零售企业要想做到精准营销，前提就是根据数据分析用户的消费习惯，给用户的消费行为打上专属标签，根据标签内容画出用户画像。用户画像是企业营销的信息基础，能够为企业快速找到精准用户群并发现他们的需求。

而用户画像制作的核心就是给用户"打标签"，标签通常是诸如年龄、性别、地域、用户偏好等，最后将用户的所有标签综合起来分析，基本上就可以勾勒出该用户的立体"画像"了。

在大数据的指引下，精准营销比传统营销要科学得多。向有潜在消费需求的客户推荐他们感兴趣的商品，远远要比毫无方向的盲目营销更具效果。大数据精准营销推动营销颠覆性变革的同时也证明了大数据的实用价值，可以预见，数据营销必将占据企业营销的主导地位。

阿里巴巴集团CEO张勇说过："今天因为互联网的渗透，使得我们有一种可能，就是无论消费者在哪里进行消费，在一个物理世界里还是在一个虚拟世界里，他的经济行为都是真实的，只要是真实的经济行为，我们完全有机会把它变成一个真实的数字交易，真正沉淀出每一笔交易、每一个客户的数据。"

所有这些不仅需要在销售和营销方面得到应用，还应运用在生产的供给侧方面。而通过联动，可以实现从 B2C 到 C2B 的转变，通过线上、线下的融合互通，加强对消费者的了解。

原来一个门店里只要没把顾客发展成为会员，那么顾客就只是买了一件商品。但在今天，在数字化生意的时代，商家可以通过分析线上数据知道顾客是谁，并对其进一步了解，从而找到二次触达的可能性。

也许是在一个门店里，也许在一个视频网站上，也许在一个电商平台店铺里，也许在一个社交媒体上，这是我们今天看到的一种现象，其实对用户数据累积得越多，就越有可能使之在全域营销、全域触达上产生巨大的作用。

5.6

未来每个企业都要变成数据公司

说起大数据，可能大多数人首先想到的就是一些互联网公司。其实，大数据并不是互联网公司的专属工具，未来所有的公司可能都会变成数据公司。在这种情况下，对于数据掌握方面本身就存在不足的传统实体零售店更需要利用自身优势，收集消费数据，将其为自身的销售服务。

美国《连线》杂志创始主编凯文·凯利有一个预言：未来所有生意都是数据生

意。2015 年，前谷歌计算机科学家吴军在上海交大分享《大数据、机器智能和未来社会》，他大胆预言：未来所有的公司都是大数据公司，传统数据公司将失去最后的立足之地。

易观创始人于扬在"约局 2017 发布盛典"中表示："在未来的 15 ～ 20 年，所有的企业都会成为数字企业。"同时，他认为："未来的独角兽一定是数字企业，而且具备 3 个点，拥有温度感的产品，拥有数字资产，也就是拥有粉丝，同时人工智能是他们强大的基础设施。"

马云在清华大学演讲时也表示："未来 30 年，90% 的企业都不得不数据化；未来 30 年，数据将成为真正最强大的能源，绝大部分人没想好这个变革。"

先通过两个案例看一下，当数据被应用于传统企业，在生产和市场方面会发生怎样的变革：

风力发电机中的一个叶片，如果长时间不更换就会存在安全隐患。因为这种叶片通常是 10 年换一次，也不能直接看清它的使用情况，所以，以往通常的做法就是根据经验进行预估。

面对这个问题，一家公司在叶片上安装了传感器，通过传感器，该公司可以实时检测叶片的使用情况。这样，该公司便可以更加准确地判断叶片的更换时间，避免因为判断错误造成的损失。

不仅如此，借助传感器，该公司还可以知道自己的设备被安装到了什么地方，这个地方的风力情况如何，并获得大量丰富的数据。而根据这些数据，该公司就可以判断哪些地区风力资源丰富，为未来市场规划提供数据支持。

另一个案例来自 PRADA。PRADA 曾经在自己的商品上安装了一个芯片，并在试衣间安装了一个传感器，这样每件衣服从货架上拿下来的次数和试穿的次数便被记录了下来。

除此之外，PRADA 还可根据衣服从货架上被拿下来的次数和试穿的次数结合消费情况做一些分析。比如，某件衣服消费者不断试穿，但是销售量不佳。

这就说明在消费者看来，这件衣服穿在自己身上不是很好看，也说明这件衣服还有改进的地方，PRADA 对这类衣服进行设计修改，可以让自己做出来的衣服更符合消费者的需求。

当互联网变成一种基础设施时，企业便会变成一个大数据企业。而大数据对于企业的核心价值就在于通过数据的收集、分析提高企业的运营效率，帮助企业拓展业务。所以，在新零售时代，企业决策人需要重视大数据的运用，而借助大数据助力企业成长也成为许多人的关注重点。

今天的企业靠单一模式来打天下已经很难成功，只有技术才能形成护城河，相对于其他技术，大数据的"廉价、迅速和优化"使其具备综合优势。技术运用的目的，就是帮助企业更好地服务用户。而大数据提供的精准的用户体验，就能够帮助零售企业真正做到以用户为中心，为企业的未来发展提供方向，实现企业竞争力的提升，从而让传统企业在互联网下半场实现弯道超车。

优衣库创始人柳井正有个观点："优衣库从本质上并不是一家服装制造企业，而是一家技术公司，优衣库唯一的竞争对手是苹果公司，而不是 GAP。"

数据创新也被运用到了餐饮和食品制造业。呷哺呷哺这个知名的快餐连锁企业便是通过 Qlik 平台获得分析数据，而结果也证明效果非常好。比如，在满足管理层日常报表方面，提高了应对效率，缩短了时间。

在商业零售领域，随着消费者信息收集的渠道更加开放，全球各地发生的好玩、有趣的事情，以及新的潮流、趋势，都成了消费内容的重要组成部分，往往能够瞬间引爆流量。

信息技术加速发展，客户运营服务也正在被不断创新、快速迭代。如何通过提升洞察力，测度每一个客户的价值，并对不同价值客户实施差异化策略，是未来企业的重中之重。

未来商家和消费者可能不仅能借助数字化媒体接收和传递信息，还能进行紧密的双向互动。而随着互动的深入，商家可以从中获得更多有价值的数据，进而为下一步的行动提供参照。数据可以帮助零售企业洞察目标消费者的需求，更好地提供"以消费者为中心"的服务，从而增强消费者的黏性。

不久的将来，大数据应用将会像互联网一样，整合在我们的手机、QQ、微信等一切终端设备和软件中，跟我们密不可分、形影不离。未来，无论是专业的数据公司还是企业决策者，抑或是第一线的操作人员，都有对于数据了解、分析的需求。

这也就预示着数据分析不应该局限于服务大型企业或者企业的高层决策者，而应该根据操作层面的具体需求提供服务。按需定制、无壁垒的使用操作、点击便可实现图标可视化分析的工具，无疑是未来数据科技面临的考验，这也无疑为企业在未来的竞争中提供了有力的保障。

实体店新零售之营销篇
——

第6章

◇ 多维度拓宽连接消费者的渠道

◇ 个性化营销为顾客提供定制服务

◇ 社会化营销获得消费者情感认同

◇ 会员管理实现数字化的营销升级

◇ 实体门店要做到简洁、有趣、快速

◇ 社群营销助力实体店低成本切入新零售

6.1

多维度拓宽连接消费者的渠道

过去实体商家和消费者之间的关系就是买和卖的关系，然而，随着互联网时代的变迁，商家与消费者之间的连接已经不再是如此单一的关系，而是一种多样化的互动关系。

零售的本质是以消费需求为导向，为消费者创造最佳的购物体验。虽然零售业态不断变化，但是这一点永远也不会变。新零售时代，消费者与智能手机绑定在一起，消费者可以获取丰富的信息，对商品的选择空间也非常大。在这种情况下，商家与消费者关系的重构无疑面临了更大的挑战。

AdMaster 联合《经济学人》发布的白皮书认为："移动互联网已经成为中国消费者与品牌和企业交互的核心。中国各个年龄段的消费者的网络活动大多都是通过移动终端进行的，中国不同年龄层的智能手机用户间并不存在明显的'数字鸿沟'。作为中国消费者上网的首要渠道，智能手机得以无缝连接中国消费者全面的品牌体验和购买行为。"

白皮书也凸显了这一趋势："60% 的受访者称他们每周花 1 ～ 5 小时使用智能手机进行购前调查和消费活动，25% 的受访者平均每周在网上调研产品 / 服务、比价和购买的时间多于 5 小时。

"虽然跟美国消费者相比，中国消费者并不经常使用智能手机查找店铺位置，但他们经常会在实体商铺里使用手机：15% 的受访者表示他们在实体商店中会一直使用手机进行购物等相关活动，有近一半的受访者表示他们在实体店购买商品时会花 25% 或以上的时间使用手机。这就意味着品牌主有机会在消费者品牌体验的全过程中与他们进行内容丰富的信息互动。"

白皮书认为："在与消费者的沟通上，品牌企业有着两大不可回避的挑战，第一是如今消费者在各个平台和渠道的随意切换使得广告主很难持续地监测他们在互联网上全过程的品牌体验及消费行为。例如，销售及售后数据在广告主手里，但是社交媒体的信息则分别存在于不同的平台上。

"中国消费市场区别于其他市场的第二个显著特点莫过于'用户点评'，它在如今的数字消费者的品牌互动和体验过程中扮演了愈加重要的角色。"

白皮书的研究显示，53% 的中国受访消费者会在消费前用手机看点评。中国消费者把"看用户点评"列为与品牌沟通的重要渠道之一，而好评则能非常有效地引导购买行为。

在互联网发展的早期，传播是单向的，而伴随着互联网的发展，消费者和商家之间的交流变成双向的和实时的，商家的产品和服务可以在第一时间获得消费者的反馈。这也让商家可以更好地接触目标消费者，针对消费者提供个性化的服务。

当然，消费者和商家在建立连接的同时，横向的互动也会变得频繁。比如，消费者与消费者之间可以通过交流，选择更合适的商品；商家与商家之间可以通过交流，学习成功的运营经验。

6.1.1　宜家的《家居指南》营销

大多数零售企业都会借助所谓的产品手册进行推销，结果却通常只是令消费者反感。而宜家成了一个例外，它根据《家居指南》进行的营销获得了消费者的信任，这是为什么呢？

原因就在于宜家的《家居指南》得到了消费者的真实反馈，而这就为宜家的产品规划和生产指明了方向。更令人想不到的一点是，宜家的《家居指南》年发行量达数亿册，被翻译成 27 种语言，包括 52 个版本，成为世界范围内发行最广的印刷品。

为什么宜家的《家居指南》可以在世界范围内发行呢？主要在于该指南的内容都是基于消费需求设计的，甚至在对产品进行介绍时，注重的不是产品运用的技术，而是产品的性能和使用方法。

《家居指南》中呈现的更多是对消费体验、交互环境等方面的反馈性创意。消费者在阅读该指南时，不只是在看产品介绍，更是通过阅读让自己置身于指南构造的使用场景。图 6-1 所示为宜家《家居指南》某一期的封面。

宜家很清楚，每个顾客都有独特的审美观或者说与众不同的喜好，所以他们很注重家具产品的创意和周边环境的创意。指南中的产品，无论是多小的物件，你都可以看到它的设计感和创意。

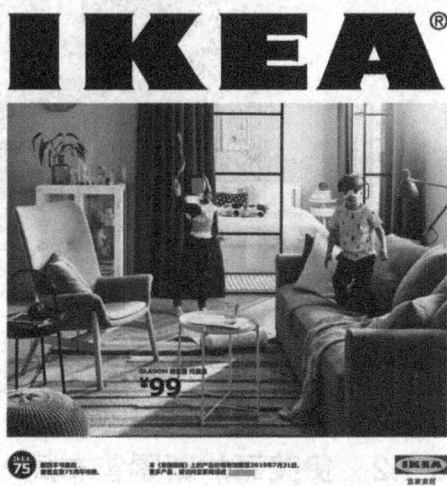

图 6-1　宜家《家居指南》
某一期的封面

除此之外，宜家对消费者的情绪也很照顾。比如，每位消费者都希望自己买的商品可以当天拿到货。于是宜家通过增加存货量和提高物流配送效率，满足了消费者的需求。

在宜家的线下实体零售店中，采取的都是自助购物，消费者在店铺中很少看到售货员。即使看到了，你也会发现他们都在做自己的事，如查账、补货和整理货物等，而不会主动与消费者沟通、推荐商品。

这就比较有趣了！一个线下实体零售店最主要的事应该是销售，而且宜家的店铺中也满是促销活动，显而易见，宜家对销售也是比较看重的，那为什么没有售货员向消费者推销商品呢？

这其实是宜家的一大特色，它希望通过自身构建的场景，让产品说话。而消费者在没有售货员推荐的情况下，就会自己做出购物决策。至于消费者是否买对了产品，这也是消费者自己决定的，因此，消费者对于宜家的抱怨自然而然就少了很多。

家具本身是一个低频的产品，也就是说，普通消费者说不定几年购置一套就够了，所以说到跟消费者的交互，是一件非常难的事情。但是宜家不只卖家具，还卖家居产品，用家居的易耗品、低值产品增加消费者到店的频率，增加黏性。图 6-2 所示为宜家家居的线下实体店铺。

图 6-2　宜家家居的线下实体店铺

同时，宜家的餐饮也与家具齐名，宜家为延长消费者的停留时间创办了宜家餐厅，并表示宜家肉丸才是"最好的沙发销售员"。

6.1.2　伊芙丽的新零售布局

而成立于 2001 年的伊芙丽，所散发出的优雅、自信、自然，满足了现代女性对着装的美好想象。很多人对于该品牌的认识始于电视剧《欢乐颂》，因为剧中的女主角们穿的服装便是伊芙丽，这也让伊芙丽的知名度大幅提高。

借助庞大的受众群，伊芙丽开始了新零售的布局。首先在线下实现销售的快速增长，然后通过阿里巴巴的大数据，构建快速反应的供应链，实现线上、线下的同步增长。

单在 2017 年"双 11"期间，伊芙丽便有 500 家线下实体店参与 O2O 发货、150 家线下门店参与随身购物袋活动。而在伊芙丽的线上、线下渠道，消费者只需通过扫码便可以在线上查看该产品的相关信息，并在此基础上选择自己中意的产品。

另外，为了解决发货慢和发错货等问题，伊芙丽还通过一些举措提高了发货的速度和发货的准确率。比如，按照就近原则，将附近实体店的货品优先发给消费者，所以伊芙丽在"双 11"期间的第一单仅 1 小时 11 分钟便由快递员送到了消费者的手中。

随着全渠道被逐一打通，在新零售时代，伊芙丽的营销也更加多样化，由此打开更多的维度，从而促成更多的销售场景与用户连接。其中，我们最明显的感受就是越来越多的商圈中出现了伊芙丽的线下实体店，如图 6-3 所示。

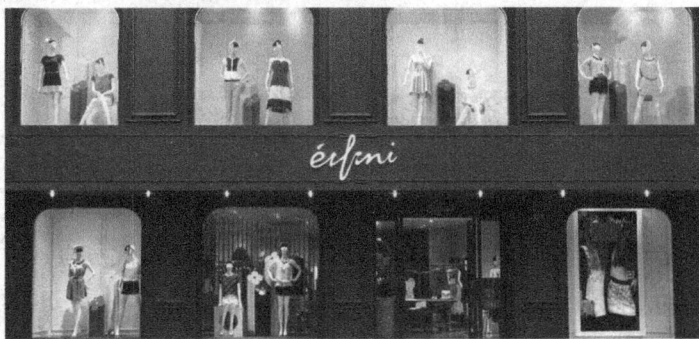

图 6-3　伊芙丽的线下实体店

6.1.3　多维度建立情感连接的方法

在新零售时代，消费者为经营者提供的信息越来越多样化。以往经营者在判定消费者的消费模式时，通常运用较为典型的维度，如年龄、性别、收入及其社交网络等，但现在可以添加更多的动态数据分析，进行多维度的洞察，从而提供一个全面的消费者行为视角。

简单来说，作为品牌或者门店，如何跟消费者进行多维度交互、建立产品与用户的情感连接呢？

1. 结合感情推广

运用各种渠道对品牌进行推广，并提高产品的曝光率，从而提高品牌和产品的认知度。当然，在推广的过程中也需要紧抓用户的情感和心理，只有感动用户的推广才会达到预期的效果。

2. 做好用户管理

建立用户管理体系，对相关的数据进行分析，并将用户分类，为不同类别的用户制定不同的管理和激励机制，在调动用户积极性的同时，更好地增加与用户的互动率。

3. 建立用户反馈体系

通过品牌的各种渠道，如官网、微信公众号等，收集用户对产品的建议和反馈，并根据用户的建议和反馈对产品进行调整，将调整的结果及时告知用户，让用户看到你对他（她）的重视程度。

6.2

个性化营销为顾客提供定制服务

基于追求大规模、标准化、集约生产的理念，一直以来我们的商业哲学是把一种标准产品出售给尽可能多的消费者。传统的营销主张管理人员应该首先明确需要出售给消费者的产品是什么。

在分析需要出售的产品时，应对产品的主要特征、对用户的益处等进行重点挖掘和呈现。当然，在正式决定开发之前，开发者也应在市场分析的基础上，结合专家的意见。而一旦决定了要开发的产品，就需要对产品的价格以及产品的推广和销售等做出详细的计划。

6.2.1 营销策略的制定

1950 年，大众营销开始进入全盛期，经过几十年的发展，营销思想已转变到以越来越小的顾客群作为市场目标，而顾客策略的多样性也是未来营销实践的特点。

笔者认为个性是营销战略中需要重点把握的因素，在产品的开发过程中可将产品的个性作为一种方向。

从大众营销到个性化营销，这期间的主流营销策略不断发生着变化，具体来说，变化的轨迹为：大众营销—市场细分—深度定位市场营销—微营销—批量订制—个性化营销。

当然，在制定具体营销策略时，产品销售者也可以选择多种战略同时实行。比如，可以在选择一些较大的细分市场战略的同时，选择一些更具个性化、更具有深度的市场战略。

针对一项服务性产品，管理者需要判断是否所有的消费者都需要完全相同的服务，或者该服务是否只能提供给个别的消费者，尊重不同消费者的个性。比如，取款可以直接通过 ATM 完成，而如果贷款则是一种个性化的服务，贷款者必须在与银行大量接触之后才能完成贷款。

零售企业需要明白：从相关统计数据来看，获取一名新用户的成本是留存一名现有用户的 5 倍，要想用最少的成本获得最大的用户数量，既需要获取更多的新用户，更需要优化与现有用户的关系，增加用户的留存率。而要增加用户的留存率，个性化服务也是重要的因素之一。

虽然大多数零售企业都意识到了个性化服务的重要性，但是当定位不同时，即便提供的是个性化的服务，营销的投资回报率也可能会存在明显的差异。因此，许多营销企业会为企业带来更高利润的客户提供更好的服务，而对带来利润有限的客户则提供一些价值对等的服务。

6.2.2　个性化营销的准备

很显然，越来越多的消费者开始追求个性化的消费，而企业在为消费者提供个性化服务时，还需要考虑效益。为此，零售企业在对消费者进行个性化营销时，可以做好 3 个方面的准备，具体如下：

1. 建立数据库

营销者需要对每个客户的资料进行深入和细致的了解，并建立起一个客户数据库。数据库建立完成之后，营销者还需要从中选取对企业或店铺具有较高价值的客户，在与这部分客户消费者建立良好关系的基础上，充分挖掘客户的价值。

2. 差别化对待

这里的差别化对待，主要指的是要差别化地对待目标消费者。为什么要差别化地对待目标消费者呢？笔者认为主要有两个原因：

首先，不同的消费者对于零售企业或店铺的价值不同，无差别地对待所有消费者，既有可能让有价值的消费者享受不到应有的服务，也有可能会因为将高质量的服务提供给所有用户而使服务成本过高，让企业或店铺无法获得预期的效益。

其次，不同消费者的需求往往会存在一定的差距。比如，有的消费者喝奶茶时喜欢比较甜的口味，有的消费者则喝不惯太甜的奶茶。此时，如果奶茶店只考虑喝较甜口味奶茶消费者的感受，将奶茶都做得比较甜，那么，那些不喜欢太甜味道奶茶的消费者在购买了一次之后，可能就不会再次进店消费了。

3. 进行高效沟通

传统营销方式通常都是针对所有消费者进行的营销，其采取的相关举措显然无法满足消费者的个性化需求。对此，零售企业和店铺还需对营销策略进行调整，通过一对一的高效沟通，在更好地了解消费者需求的基础上，有针对性地进行个性化的营销。

6.3

社会化营销获得消费者情感认同

6.3.1 日本企业的零售经验

日本的许多零售经验值得大多数零售企业和店铺学习，比如精益求精的服务细节、对于客户体验的精细把控和对消费的创新理解。日本诞生了优衣库、无印良品和 7-ELEVEn 便利店等诸多国际知名品牌，由此不难看出其在零售方面的成功。

许多人都对日本商家的服务体验津津乐道，那么这些店铺有哪些值得称道的地方呢？这里举几个例子略作说明。如果是下雨天，当你打伞进日本的一些店铺之后，店员会接过你的雨伞，将雨水擦干后将雨伞放置在店门口，以方便消费者在离开时更为便捷地取用。

又如，在面对孩子走丢的情况时，很多商场的常见做法就是到服务台去播放广播，通过广而告之的方式寻找孩子。且不说这样做的效果如何，至少这种做法会影响到其他消费者的心情。面对同样的情况，日本的一些商场和游乐园等采取的是不同的举措。比如，在东京迪士尼，工作人员在看到走丢的孩子之后，会先用糖哄孩子，再通过询问孩子确定家长的信息，并根据这些信息寻找家长。

东京迪士尼的这种做法，既很好地考虑到了其他消费者的感受，避免将问题的影响扩大化，同时很好地安抚了孩子的情绪，并通过孩子找到了一种解决问题的有效方式。

6.3.2　无印良品的价值营销

无印良品（MUJI）成立于 1989 年，目前门店合计达 800 多家，在国内的许多商圈中也都能看到它的身影，如图 6-4 所示。即便在全球零售业遇冷的情况下，无印良品这个以"极简"而为人所熟知的品牌，营业收入也能持续增长。

图 6-4　无印良品的线下实体店铺

无印良品之所以能够获得成功，主要就在于它的价值营销。这主要体现在 5 个方面，具体如下：

1. 宁肯缩量，产品种类也要丰富

杂货店之所以被冠以一个"杂"字，主要就是因为其提供的商品种类很"杂"。而作为一个杂货店品牌，无印良品在"杂"字上也花了很多功夫。

无印良品尽可能地将商品都放置在货架上，即便是缩减库存量，也要保持种类的丰富。这样做的好处在于让消费者觉得店铺提供的商品种类非常丰富，可以直接从货架上找到自己需要的商品。

2. 追求极简，善做加减法

无印良品给大多数消费者最直观的感受就是极简。不仅产品的设计去掉了不必要的部分，比如去掉了产品上的商标，甚至在店铺中也保持了极简的原则，除了"MUJI"这个红色的方框之外，店铺中基本上就再也看不到其他鲜艳的色彩了。

无印良品的产品超过了 7 000 种，虽然无印良品对品牌和产品的宣传也有不少，但是在产品宣传方面，你基本上看不到过多的言语。而当消费者将产品拿到手中时，虽然会觉得简洁、朴素，却能直接感受到舒适的触感。

3. "货品"留人，"价值观"留心

虽然无印良品提供的只是一些简单的生活必需品，但是除了产品本身的品质之外，无印良品还很注重消费者对美学的追求，通过改变消费者的价值观来留住核心消费者。

4. 为消费者提供生活形态提案

无印良品被许多消费者称为"生活形态提案店"，之所以如此，关键的一点就在于它提倡通过简约、朴素的生活，直抵生活的本质。它不会告诉消费者"这样最好"，而是告诉消费者"这样会更好"。

5. 无需粉饰的陈列美学

除了商品开发之外，无印良品对于商品陈列方面也非常重视。这可能也与其店铺中没有太多鲜艳花纹、品牌广告少、没有代言人有一定的关系。无印良品在商品的陈列上与大部分店铺存在着明显的差异。

具体来说，无印良品的货架可以分为三层。其中，底层是方便取货的销售区；中层是用以传达产品的展示区；高层则是用以造成视觉冲击的陈列区。这不仅很好地对产品进行了展示，更适应了消费者的购物习惯。

日本商家的服务侧重于细节，给予消费者人性化的关怀，而事实也证明，这些细节上的讲究往往更能俘获消费者的心。以前商品只要做得好就可以了，而如今消费者的消费日益个性化，纯粹做好商品并不够，零售企业和店铺还需要为消费者提供极致的个性化服务。

对于线下实体店，除了极致的个性化服务之外，还需要充分利用社交。未来零售业可能基于信任发展，一个店铺要想卖出产品，就必须首先与消费者建立起密切的联系。此时，零售店售卖的不只是商品，更多的是关系。

以服装店为例，店主可以培养一个着装顾问，当看到消费者身上有特别的装饰时，可以通过搭讪、称赞等方式，让消费者与着装顾问成为朋友。当一家店不仅仅是一个售卖的场所，店里不光有消费者需要的商品，还寄存着逛店人的梦想，这样的店就充满了温度与温情。

6.4

会员管理实现数字化的营销升级

在正式开始本节内容之前，我们不妨先来看一组来自麦肯锡（Mckinsey）的数据报告：

（1）忠诚度对于一个店铺至关重要，消费者的忠诚不仅能为店铺发展带来持续的推动力，还能从整体上降低店铺的运营成本；

（2）吸引一个新消费者的费用约为留存一个现有消费者的 5 倍；

（3）成功向现有消费者销售商品的概率约为 50%，而成功向一个新消费者销售商品的概率仅为 15%；

（4）消费者的忠诚度如果下降 5%，零售企业的总利润将下降 25%；

（5）如果每年客户关系保持率增加 5%，利润增长可能达到 85%；

（6）零售企业的新消费者中有 60% 来自现有消费者的引导。

由以上数据不难得出，消费者是零售企业运营的核心，要想提升企业业绩，就必须培养消费者的忠诚度。而零售企业之所以要对会员进行管理，主要就在于会员不仅可以为零售企业贡献消费力，还能起到品牌宣传员的作用，让更多潜在消费者变成企业和品牌的忠实客户。

6.4.1　常见的会员管理制度

大多数零售企业都知道通过会员管理来提高消费者忠诚度的重要性，那么，如何对会员进行管理呢？通常来说，主要有两种维系会员的方式，即储值和积分。

储值，顾名思义，就是要求消费者先存入一定的金额，开通一张专属的会员卡。当消费者在本店或者品牌旗下的店铺消费时，可以通过会员卡付费享受一定的折扣。

这种会员管理制度的优势就在于零售企业和店铺可以在消费者消费之前就获得一定的现金，增加零售企业和店铺可供运用的资金。同时，因为消费者在会员卡中已存入了一定的金额，所以当有购物需求时，会将已开通会员卡的品牌或店铺作为消费的首选。这样一来，零售企业和店铺消费者的忠诚度便得到了保障。

当然，这种会员管理制度也存在明显的不足，主要体现在对于预付金额难以把握。如果预付金额过低，这种储值的做法对于消费者忠诚度的维护所起到的作用就会比较有限；如果预付金额过高，那么很多消费者在看到该金额之后，很可能就会直接决定不办会员卡。

积分，即当消费者成为零售企业或店铺的会员之后，将消费者在店铺中的消费以及参加的相关活动，用分数来进行记录。当积分达到一定数额时，可以在店铺中兑换礼品、获得折扣、优惠等。

这种会员制度的好处就在于，只要消费者来店铺消费，就可以获得积分。积分可以让消费者获得相应的福利，获得福利之后，则可以促进消费者来店消费，这就让消费与积分兑换之间形成了良性循环。

积分制度的不足体现在积分兑换的福利不好把握，如果可以兑换的物品对消费者没有太大的吸引力，消费者很可能不会为这种会员制度买单，消费者的忠诚度自然难以维系；而如果兑换的福利过高，零售企业和店铺需要支付的成本相对较高，利润空间则将变得有限。

6.4.2　零售业的会员管理案例

1. 好市多（Costco）

作为美国第三大、世界第九大零售商，好市多（Costco）绝对可以称得上是零售业的一大奇迹。但这个零售商只对会员开放。你只有在成为该品牌的会员之后，才能进店消费。图 6-5 所示为好市多的线下实体店铺。

当然，好市多之所以能够成功是与其会员回馈制度有很大关系。好市多区别于大多数零售店铺的一点就在于它有一个"准入证"。消费者只有在取得这个准入证之后，才会被允许进店消费，这个准入证就是会员卡，而且，会员等级越高，消费者能够享受的优惠力度也就越大。

而在产品方面，虽然好市多只为消费者提供了 4 000 多种商品，但是每一种商品都是经过采购部门严格挑选的，而且在定价时也会本着毛利润不超过 14% 的原则。这样一来，消费者在好市多中获得的商品不仅品质有保证，而且价格上也会比其他同类店铺低。

许多消费者都会遇到这样的情况，那就是对于买到的东西不满意，想要退货。而好市多也充分考虑到了这种情况，且只要消费者提供购物发票，便可以无条件退款，十分人性化。

图 6-5 好市多的线下实体店铺

2. 德克士（Dicos）

德克士（Dicos）起源于美国得克萨斯州，1994 年开始进入中国市场。经过 20 多年的发展，如今的德克士已经是中国西式快餐特许加盟第一品牌和最大的加盟连锁舒食快餐企业。而在线下，我们也可以看到很多德克士的实体店铺，如图 6-6 所示。

图 6-6 德克士的线下实体店铺

在扩张线下的同时，德克士也注重线上的建设。从 2014 年开始，德克士实行电子化的会员制度，将全国门店进行打通，建立了集享联盟系统，并将该系统接入微信、支付宝等第三方平台。

而通过对集享联盟系统获得的会员数据进行分析，了解消费者的喜好，并对产品进行优化升级，德克士在寻找新卖点的同时，也对会员赋予了更多的特权，从而充分挖掘消费者的购买力。

比如，每月 18 日，持集享卡购买正价单品，只需加 1 元便可以获得双份，如图 6-7 所示，这种会员活动对于消费者来说很有吸引力。

图 6-7　德克士的会员活动

3. 星巴克（Starbucks）

星巴克（Starbucks）是一个全球知名的连锁咖啡品牌，目前在全球已经开设了超过 2 万家实体店铺，图 6-8 所示为星巴克的线下实体店铺。

众所周知，星巴克的会员管理非常成功。星巴克在 2010 年推出自己的会员计划——星享会员俱乐部，获得了非常好的市场反馈。

图 6-8　星巴克的线下实体店铺

消费者可以支付 98 元获得"会员星礼包"附带的三种权益，即两张饮品买一赠一券、三张早餐时段饮品半价券和指定商品 30 元优惠券。当然，这些福利只有在星享会员俱乐部激活才能享受。

其实，星巴克是通过降低首次消费的门槛，采取"少量多次"的方式，刺激消费者进行消费。比如，会员星礼包相当于消费者预先支付 98 元，获得 6 次消费的优惠。虽然这 6 次的优惠都比较有限，但是如果将这些优惠加在一起却能让消费者觉得很划算。

除此之外，星巴克的福利还贯穿于后续的消费过程中。比如买一赠一，也就是说一次获得两杯咖啡，但是大多数人都会在有同伴的情况下才使用该优惠券，这就相当于为星巴克带来了一个潜在的消费者。

又如，星巴克将会员分成三个等级，不同的级别获得的权益不同，如图 6-9 所示。这就能让消费者更多地在店铺购物，从而对自己的会员等级进行升级。

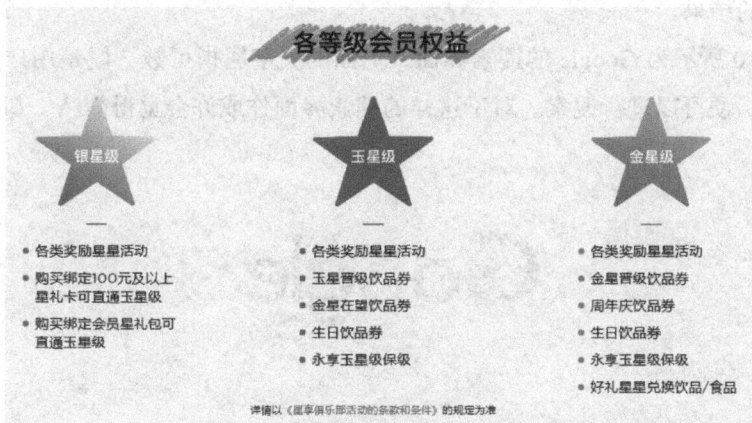

图 6-9　星巴克各级会员的权益

6.5

实体门店要做到简洁、有趣、快速

科技的发展在让我们的生活变得更加丰富的同时，也赋予了生活更多的选择空间。选择空间的增多，会让一件看似简单的事变得复杂，也会让人产生审美的疲劳。而身处这种环境之中，越来越多的人开始向往更加简洁的生活方式，希望能在繁杂的生活中，为有价值的事情获取更多的时间。

6.5.1　简洁不是简陋

虽然很多人希望能让一切变得简单，但是要将简洁原则运用到商业上并不是一件容易的事。这主要是因为许多企业认为凡事从简会让消费者觉得他们提供的产品没有内涵，或者功能太过简单。

这其实是将"简洁"与"简陋"混淆了。简洁是要求将必要的内容和功能进行清晰地呈现，让人一看就懂；而简陋则是因为内容和功能未能完全呈现，从而让人觉得简单粗陋、不完善。

其实，许多企业的产品就是以简洁为原则进行开发和升级的。比如，Google 的搜索界面看似非常简单，但是用户使用起来很方便，而且这种简洁的背后，是 10 万人努力的结果。

图 6-10 所示为 Google 的搜索界面，上面的文字屈指可数，但是用户只需输入相关信息，便可以进行搜索。对于这样的搜索界面你或许会觉得简洁，却不能说它是简陋的。

图 6-10　Google 的搜索界面

6.5.2　简洁即美的优衣库

可能有的读者看到这里，会说 Google 毕竟不是零售企业，所以它的搜索界面在设计上遵循简洁的原则是没有问题的，但是，如果是零售企业，在产品的设计上过分简洁是行不通的。

其实不然。比如，优衣库作为一个全球知名的服装品牌，其设计的理念便是"简洁即美"。这不仅体现了它对品牌的一种自信，更是向消费者传达了一种生活态度和审美价值。

优衣库原本只是一个做西装的小服装店，甚至 1994 年时优衣库也只开设了 100

家分店。就是这么一个品牌，却能在 20 多年内一跃成为全球知名的大品牌，它是怎么做到的呢?

优衣库并不认为身着高级时装就是体面，过度打扮也算不上潮流。相反，一些看似简单、舒适的衣服，只要穿着得体便是合适的。基于这一点，优衣库开发了一些基本款服装。也就是这些基本款服装，受到了大量消费者的欢迎。

6.5.3　简洁即美的 7-ELEVEn

再来看一个案例，在零售业中有一种观点:世界上只有两家便利店，7-ELEVEn 便利店和其他便利店。为什么这么说呢? 这主要就是因为 7-ELEVEn 能够提供有别于其他便利店的服务，让消费者对其留下深刻的印象。图 6-11 所示为 7-ELEVEn 的线下实体店铺。

图 6-11　7-ELEVEn 的线下实体店铺

7-ELEVEn 这个名字源于早上 7 点起床，晚上 11 点睡觉的生活习惯。1974 年，第一家 7-ELEVEn 在东京开设，经过近半个世纪的发展，7-ELEVEn 凭借其极致的服务，在世界各地都开设了连锁店，光日本就有超过 4 000 家线下实体店铺。

7-ELEVEn 的成功，极致的服务可谓起到了至关重要的作用。在 7-ELEVEn 便利店的海报上曾经印过这样一句话:"桃子在冰箱内保存 3 小时最为甜美。"用以告知消费者桃子的最佳食用时间。从这个细节便不难看出它对于服务细节上的重视程度。

6.5.4 充满乐趣的 Burberry

Burberry 是诞生于 1856 年的一个服装品牌，从诞生之日开始，Burberry 便在店铺特别是线下实体店的乐趣上做出了许多努力。在它的线下实体店中，不仅大力发展线上业务，还注重营造与线上类似的消费体验，让消费打破线上、线下的边界。图 6-12 所示为 Burberry 的线下实体店铺。

图 6-12　Burberry 的线下实体店铺

比如，在 Burberry 伦敦旗舰店中，不仅指引与线上官网十分相似，而且还为商品配备了特定的芯片，如果消费者将商品拿到店铺的"魔镜"前，便可以 360 度查看该商品的展示效果。

另外，Burberry 的时装秀也会在官网和实体店铺进行直播，如果消费者看中了某款服装，还可以提前下单，甚至可以根据自己的风格进行定制，比如可以在服装的标牌上加上自己的名字。

6.6

社群营销助力实体店低成本切入新零售

很多实体店目前陷入困境的根本原因，与其说是因为电子商务、因为新零售，倒不如说是因为时代变了，用户需求变了，用户的行为习惯、购买路径都已经变了，而实体店却没跟上这个变化，其获客模式、营销模式、生态模式、管理模式以及服务模式没有及时更新，因而实体店的销售行为和用户的购买路径难以连接。

普华永道 2017 年全球全零售调查报告显示，各品牌和零售企业在完善线上体验的同时，致力于打造线上、线下无缝式的消费体验，而以内容为渠道的消费体验也成为中国电商行业的主要发展动力。

在互联网时代，消费者在零售过程中占据了主动地位，而那些传统的宣传方法也已经变得不再适用。与狂轰滥炸式的宣传相比，产品在消费者心中的口碑往往更重要。

在这个消费者说了算的时代，只有那些与消费者关系更好、更密切，获得消费者认同的企业，才能更容易地将产品销售给消费者。通常情况下，销量与口碑是相辅相成的，要想获得更好的销量，就必须塑造口碑，而借助社群效应，口碑的塑造将变得事半功倍。

Facebook 的创始人扎克伯格说："未来 10 年 Facebook 的企业愿景将从'连接世界'转向'构建社群，拉近世界'。"

"云集微店"创始人肖尚略说："云集的生产力来自一个 200 人左右的社群，现在云集已经有 18 万个这样的社群，未来将发展到 100 万个。"

"拼多多"创始人黄峥说："零售从'物以类聚'进入到'人以群分'的时代。拼多多的快速发展源于它基于社交'拼'的玩法，基于人的连接的扩散效应。"

互联网时代让人们日趋社群化，每个人都会寻找自己感兴趣的社群，与同道中人谈论自己感兴趣的话题。如果零售企业懂得寻找社群共振的办法，获得目标社群的认同，品牌知名度的打造也将变得非常高效。

新零售时代，零售企业需要重点把握的已经不再是产品，而是购买这些产品的人，也就是目标消费群体。通过社群连接，将用户与零售企业、用户与用户进行连接，才是新零售的正确打开方式。

新零售非常重要的一个特征就是从"物以类聚"到"人以群分"的新商业迭代。移动互联网的高速发展让人与人、人与商品之间建立了广泛联系，也使新零售加社群的销售新模式成为最大的机遇与可能。

我们现在所处的时代是消费升级的时代，需要更好的、更优质的产品，企业一定要生产消费者真正需要的产品。那么怎么才能知道消费者需要什么产品呢？这就需要和消费者在一起，需要倾听消费者的声音，要以人为本。

零售企业和店铺需要做的就是和消费者融为一体，将与消费者的关系变为共生关系，在将产品卖给消费者的同时，让用户融入产品生产和销售的各个环节，把消费者变成队友。

新零售时代，零售业已经从"以产品为中心"转变为"以用户为中心"，用户（或者说消费者）已然成为零售企业和店铺发展的重要推动力。如果此时零售企业和店铺还未意识到用户的重要性，很可能会因为对重点把握不当而在竞争中逐渐处于下风。

在这个用户重要性日益凸显的时代，零售企业和店铺需要重点关注用户体验。如果零售企业和店铺能在线下建立用户社群，通过在社群中与用户互动，提高用户的认同感，那么借助社群便可以对用户体验进行优化。

从用户思维战略出发，以用户为中心来考虑问题，解决用户的实质需求。在这个过程中运用大数据分析对产品和运营进行调整，最大化地优化用户的体验，通过各种方式增强企业与用户之间的交互，让用户成为企业的忠实粉丝，形成一个生态化的社群。

之所以许多零售企业和店铺都在致力于社群的打造，主要是因为社群不仅可以让线上销售变得简单快捷，而且通过与社群成员的连接，还能弥补线上的不足，充分发挥社群经济的作用。

对于零售企业和店铺来说，社群建设的重点就是找到合适的社群成员。而通过数据分析和用户画像，不仅可以找到目标消费者的需求，更能看到哪些人是产品的目标消费者。如果能够将产品的目标消费者变成社群成员，那么建立社群的价值也将大大提升。

除了找到人之外，社群还可以帮助零售企业和店铺找对货。比如，零售企业和店铺可以通过与社群成员的沟通，更加准确地把握消费者的需求，从而针对性地生产和提供产品。

有人说社群将是未来 10 年的运营热点，这充分肯定了社群的作用，但是需要看到，社群运营目前也存在着运营任务重、变现难度大以及社群成员容易流失等问题。

社群营销就是在夹缝中求生存、求发展、求颠覆，企业首当其冲的任务就是界定目标用户，产品一定是"传统零售＋社群营销模式"中凝结社群成员关系的根本，品牌人格化才能与以人为核心的社群调性建立持久的"婚姻"关系。

对于零售企业来说，目前社群的组织和运营的难点就在于零售业的复杂性让社群画像通常不太清晰，以致很难真正找对人。而且零售企业和店铺建立社群的目的本身就是促进产品的销售，在运营社群的过程中也会有意识地进行促销，但是，如果对促销的度没有把握好，很可能会把社群成员吓跑。

未来零售的本质就是以用户体验为中心的一种体验式零售，零售企业和店铺只有在满足目标消费群体的实质需求的情况下，才有可能在竞争中逐渐占据优势地位。

当然，这个竞争力的增强需要供应链管理和运营效率的提高，以及社群连接搭建的生态圈，通过搭建线上、线下融合的销售网络，在降低运营成本的情况下，将服务体验做到极致。

作为产品型公司，小米在社群方面做得非常出色。其实小米从一开始就运用了社群营销的方式。小米的第一款产品不是手机，不是硬件，而是操作系统。MIUI为小米聚集了大量的粉丝，形成了非常庞大的粉丝群体——"米粉"，这就是我们说的社群。

当然，每个人的需求不尽相同，随着社群成员的增加，需求也会变得多样化。零售企业和店铺需要做的不是满足所有的需求，而是从中提炼出主要的需求，然后根据这些需求设计和生产产品，或者对产品进行更新升级。

不仅是常见的商场零售，社群在社区零售中也发挥着重要的作用。因为在社区中，社群成员之间可能是线下熟识的邻居，彼此之间是见得着的，因而更容易建立信任。再加上微信等社交工具的助力，社区社群的建立和社群成员间的沟通也将变得更加容易。

我们听说过、看到过的那些高大上的企业正用各自的方式践行着新零售，它们更多的是技术驱动，而且是重金投入，对资金和人才的要求都非常高。可对于一些普通的实体店甚至是社区的便利店，即使完全理解，但是想要复制那些巨头的思路和方式却是比登天还难。

它们所能做的可能也就是转换至以用户为中心的思维，更好地借助社交工具为自己的店面引流，让顾客更方便地成交，然后在成交之后跟顾客继续保持连接，不断地用内容和情感吸引他们，使之对店铺产生黏性，从而让自己的经营更高效。所以，可以毫不夸张地说，社群营销是实体店低成本切入新零售的唯一方式。

实体店新零售之获客篇

——

第 7 章

7.1

那些进店看看的流量都被你浪费了

笔者在平常的培训中或是跟实体店老板的交流过程中，有这样一个发现：95%以上的终端门店老板和店长都会把"客流少"这个问题归咎于实体经济的下滑、电商＋微商＋购物中心等业态经济的崛起等外部因素。

而这些外部因素又是中小零售企业无法阻挡和不可改变的，所以，相当一部分的店老板和店长只能唉声叹气，抱怨这个、埋怨那个，一筹莫展。

在大街上或者购物中心，我们经常会看到店外人群川流不息，店内顾客却屈指可数，工作人员要么在闲聊，要么在发呆，或者玩手机，俗话说的"三个厨子两个客"、营业员比消费者多并不是一句笑话。

那么，怎样的营销方法能够提升门店客流呢？营销卖家克里曼斯通说过："其实未来的营销，不需要太多渠道，只要能让你的产品进入消费者的手机，就是最好的营销。"

7.1.1　利用微信提高流量

实体店如何运用好微信为自己的门店带来流量，或者通过微信让经过门口的客流不浪费，这是一个非常重要的课题，甚至比门店促销引流还要重要。事实上，将经过实体店或者进店的客户引导到微信是极有可能的。

将零售企业和店铺的二维码以宣传海报的形式放置在实体店铺，通过扫码关注，将线下的消费者引导到线上，并通过一些优惠活动提高用户的黏度。只要获得了用户，你就相当于获得了零售的天下。

零售企业和店铺的微信二维码引导非常简单。比如，服装类零售企业和店铺可以申请一个微信公众号，让消费者扫码进行关注，并通过一些服装搭配文章的推送和优惠活动，让消费者主动关注你的微信公众号。

除此之外，还可以在线下实体店铺特别是在收银台张贴扫码福利的相关信息。这样做的好处在于消费者在结账时可以清楚地看到并关注信息，而且因为许多消费者是用手机支付的，他们在看到信息之后，可能就会顺便关注，这样一来，就会获得不错的流量效果。

另外，商家还可以充分利用红包吸引流量，比如，当消费者在电商平台给出五星好评，或者将产品分享到朋友圈时，发送一些小额的红包；或者当某条宣传信息的点赞数达到一定数量之后发红包，以增强宣传效果。

点赞达到一定数量才发红包的好处：因为有点赞数量的要求，所以消费者为了获得红包，不会马上将相关消息删除，产品和店铺的宣传时间由此就得到了延长。

7.1.2　利用个人微信引流

再小的个体也有自己的品牌，微信就是实体店老板打造个人品牌成本最低的工具。但是，很多人虽然在使用微信，却并不是真的会用微信。

添加一个人为好友后，你要做的不是要噼里啪啦地聊一通，因为许多人最烦的就是新添好友一上来就问一大堆问题，你应该先点击他的头像，打开他的朋友圈，浏览一下他最近的动态、分享的链接和展示的图片。看过他的朋友圈后，就会大致了解他的性格喜好及其生活状况。

同理，作为店家，你也要用好你的微信朋友圈。微信不只是一款聊天工具，更是你个人品牌的发源地。"圈如其人"，朋友圈也可以打造成实体店的特殊门面。

下面以餐厅为例，解密实体店如何用个人微信6步引爆客流。

1. 打造品牌名片

要引爆流量，首先需要让消费者对你多一份信任，这就要求品牌和店铺经营者对微信账号进行必要的包装。在账号包装的过程中，需要将微信账号的相关信息，如头像、名称和个性签名等，围绕品牌进行设置。

另外，微信的个性签名也可作为品牌的广告栏。品牌运营者可以通过文字的形式，将自己的联系方式、品牌和店铺的简介以及相关活动信息告知消费者。当然，为了避免消费者反感，在简介中最好避免"销售"等相关词汇。

2. 建立数据库

在建立数据库方面，线下实体店有着天然的优势。店铺运营者只需将个人微信二维码放置在店铺，并通过一定的方式引导消费者添加微信，便可以将消费者变成微信好友，从而在此基础上建立起数据库。

3. 增加信任度

要想让消费者放心购买你的产品，把你真正地当成微信好友，还需要提升消费者的信任度，让消费者认为你是值得信任的。对此，运营者可以通过对消费者微信号进行点赞和评论等，加强与消费者的联系，在消费者心目中树立起贴心、靠谱的形象。

4.扩大粉丝量

对于一个品牌和店铺来说,粉丝数量越多,发展的动力也就越强劲。所以,运营者还需要利用个人微信号扩大粉丝量,丰富数据库。但是,线下实体店中消费者的数量有限,粉丝增加速度整体偏慢,所以,运营者还需要寻找一些更有效的增粉方法。

扩大粉丝量的方法有很多,比如通过推荐个人微信赠送福利的方法,让现有粉丝变成品牌和店铺的宣传员。需要注意的是,在添加粉丝推荐的好友时,应该做好必要的备注,构建粉丝的关系网。

5.适度进行互动

互动是个人微信引爆流量的重要方法。人都是有感情的,运营者可以通过适度互动,增加与消费者之间的亲密度。当然,除了线上的嘘寒问暖之外,在线下也可以进行一些必要的互动。比如,在线下组织聚会,让消费者看到你对他(她)的重视。

6.塑造品牌形象

对于餐饮品牌来说,运营者可以将个人微信号打造成餐饮行业方面的专家。比如,在个人微信号中推出一些菜品的烹制方法,让消费者在做饭的时候也能想到你,想到你的品牌。

7.1.3 借力微信公众号营销

除了个人微信,如果有能力,建议实体店重视微信公众号运营。这一类的知识在网络上有很多,在此不再赘述。需要注意的是,在运营微信公众号时应做好定位。有的人认为微信公众号就是用来发图文消息的,不需要做定位,这个想法是错误的。

在做微信公众号定位时,运营者需要考虑微信公众号的主要受众,因为受众不同,微信公众号的功能和内容也会有所不同。运营者需要根据定位有意识地提供服务。

运营微信公众号大致可以归纳为四点,我们可以将其称之为"四字真经",具体如下:

(1)勤:主要需要做好三个方面的"勤",即勤发现、勤回复、勤自检。所谓"勤发现"就是时刻关注用户动态,将用户喜爱的内容和服务及时进行推送;"勤回复"就是及时对用户的评论信息进行回复;"勤自检"就是做好自我检查,了解自身的不足,及时进行调整。

（2）贴：就是根据微信公众号的定位，为特定人群提供贴心的服务，让消费者感受到人性关怀。

（3）懂：通过与粉丝的沟通、互动，深入了解消费者的需求，从而更加了解消费者，有针对性地为之提供产品和服务。

（4）专：通过微信公众号，将品牌打造成行业内的专家，并为消费者提供相关问题的解决方案，在消费者心目中塑造值得信任的形象。

7.2 如何通过小程序引流创意获客

像许多新生事物一样，微信小程序刚推出的时候，并不被外界看好，甚至有人认为微信小程序用不了多久就会消失，然而，仅仅不过两年的时间，微信小程序便已经席卷了互联网市场，覆盖人们的衣、食、住、行等。

7.2.1 什么是微信小程序

什么是微信小程序？微信官方给出的解释是：小程序是一种不需要下载安装即可使用的应用，它实现了应用"触手可及"的梦想，用户"扫一扫"或者"搜一下"即可打开应用。小程序也体现了"用完即走"的理念，用户不用关心是否安装太多应用的问题。应用将无处不在，随时可用，同时又无需安装、卸载。

有人认为微信小程序就是将 App 搬到微信上面，它不过就是简版的 App。其实不然，微信小程序除了不用像 App 一样需要下载安装便可以直接使用之外，在其他方面也与 App 存在着一些明显的差异。

比如，因为微信的大力支持，微信小程序的开发相对简单，门槛比较低，甚至不需要任何成本。只要有想法，任何人、任何店铺都可以开设自己的微信小程序。而且微信小程序基本上不占用手机空间，即便手机内存不太够也可以很好地使用。更为关键的一点在于 App 的主要功能都能通过微信小程序实现。

正是因为微信小程序的诸多优势，许多企业都开设了属于自己的微信小程序，也涌现出一些成绩瞩目的微信小程序。

摩拜单车与微信小程序的合作初期，不仅月活跃用户环比增速达到 200%，每天更有 50% 以上的新增注册用户来自微信小程序。

原本只是二线电商平台的蘑菇街，借助小程序抢夺了大量原本属于淘宝、京东等大平台的用户，甚至在 2017 年"双 11"当天，其小程序的新客成交占比达到了 App 的 4 倍。

"微信之父"张小龙在看到小程序的发展态势之后，也不惜"打脸"，主动带队做起了小游戏。而这款叫作"跳一跳"的小程序，不仅曾一度刷爆微信朋友圈、抖音短视频，成为人们热议的话题，还以每天 500 万元的广告费用，在短期内成功变现，获得了高额收入。

微信小程序的出现让商家们看到了未来零售的更多可能性，首先在 App 市场日益饱和、难以脱颖而出的情况下，微信小程序开辟出新的市场，让商家们有了更多的发展空间，也更容易成功。

因为有微信支付的支持，商家们可以直接通过微信小程序销售商品。这就相当于让商家多了一个销售渠道，而且借助微信的庞大流量，微信小程序可供挖掘的市场也是非常可观的。

除此之外，微信小程序也让商家们有了可以自主发展的平台。在微信小程序上线之前，大部分商家的线上销售都是借助淘宝、京东等电商平台，虽然这些平台的流量都很大，但毕竟都是别人的平台，而且这些平台中，同类的商家数量庞大，竞争非常激烈。

而通过微信小程序，商家则可以打造专属于自己的销售平台，要销售什么产品、怎么销售都由运营者自行决定。对于零售企业和店铺来说，如果没有开发、运营微信小程序，就相当于主动放弃了一次发展机遇。

7.2.2　微信小程序运营方法

虽然微信小程序对于零售企业和店铺来说是一个发展机遇，但是，如果缺乏合适的运营方法，要想通过微信小程序获得成功，很可能只是痴人说梦。笔者根据自身运营经验，整理了 10 种微信小程序运营推广方法，具体如下：

1. 搜索入口

许多人在查找某些内容时，最常用的方法就是搜索，查找微信小程序也是如此。许多用户都是通过在微信搜索入口直接搜索的方式，进入某一微信小程序的。为了让微信小程序在搜索结果中更快地被用户看到，零售企业和店铺可以通过对名称、描述等进行调整，让微信小程序出现在相对显眼的位置。

图 7-1 所示为搜索"零售店"的相关界面，可以看到这其中便有一些微信小程序通过名称和描述成功占据了有利的位置。

图 7-1　搜索"零售店"的相关界面

2. 小程序二维码

微信小程序成功上线之后，运营者可以进入微信小程序后台的"设置"界面，点击"下载更多尺寸"按钮，下载微信小程序的二维码，如图 7-2 所示。

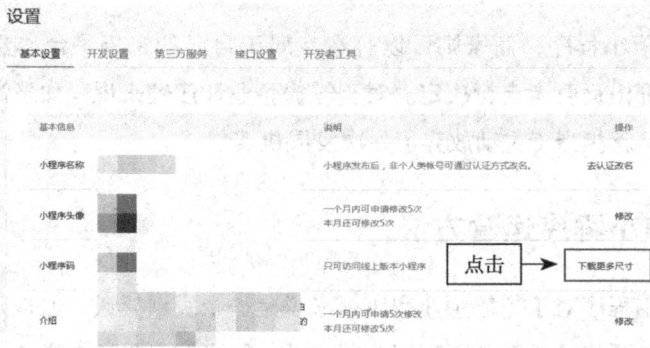

图 7-2　"设置"界面

微信小程序的二维码下载完成之后，运营者可以通过在线下实体店铺张贴带有微信小程序二维码的宣传单，或将二维码放置在微信公众号等方式，将用户引导到微信小程序上。

3. 附近的小程序

微信小程序上线之后，运营者可以通过后台开通"附近小程序"功能。这样一来，只要用户在微信小程序设置地点附近，便可以看到你的微信小程序。图 7-3 所示为"附近小程序"的相关界面。

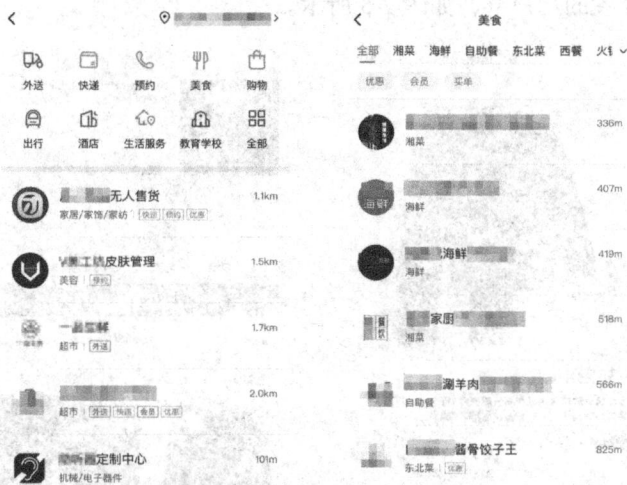

图 7-3　"附近小程序"的相关界面

4. 主动分享

微信小程序上线之后，推广宣传很关键。只有让用户知道微信小程序的存在，用户才有可能进入微信小程序购物。关于微信小程序的宣传推广，主动分享可以说是必不可少的一种方式。运营者只需进入微信小程序，点击 ●●● 按钮，选择"转发"选项，便可以将微信小程序分享给微信好友，如图 7-4 所示。

图 7-4　分享微信小程序的相关界面

5. 组团优惠

在微信小程序中，运营者可以通过组团优惠的方式，借助社交实现快速裂变，在短期内积累庞大的用户群，如图 7-5 所示。

图 7-5　在微信小程序中设置拼团优惠

6. 公众号广告

对于拥有微信公众号的运营者来说，在推送信息中直接插入微信小程序链接卡片，或者微信小程序二维码，可以将公众号的粉丝引导至微信小程序，这也不失为一种微信小程序引流的有效方式，如图 7-6 所示。

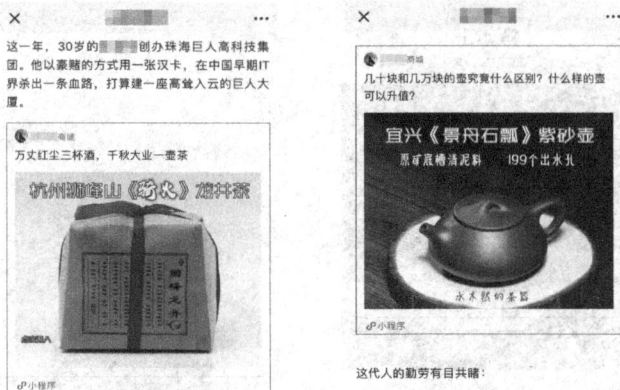

图 7-6　在微信公众号中插入小程序的广告

7. 分享至群聊

社群营销对于零售企业和店铺来说非常重要，而在营销过程中，微信小程序也是一个可以借助的工具。运营者可以将微信小程序分享至微信群，这样一来，社群成员只需点击链接便可直接进入小程序，如图 7-7 所示。

图 7-7　将微信小程序分享至微信群

8. 适当投放广告

在微信小程序正式上线之后，为了提高其传播力度，让更多潜在消费者看到它，可以适当投放一些广告。图 7-8 所示为"有车以后"微信小程序在微信朋友圈投放的广告。

图 7-8　"有车以后"微信小程序在微信朋友圈投放的广告

9. 地推

对于一些特定的微信小程序来说，在消费场地附近进行地推，是吸引周边流量的一种有效方式。图 7-9 所示为"携程旅行"微信小程序进行地推的场景。

图 7-9 "携程旅行"微信小程序的地推

10. 公众号绑定小程序

当微信小程序运营者拥有自己的微信公众号时，可以对微信小程序与公众号进行绑定操作。操作完成之后，微信小程序和公众号便可以直接进行转换，形成流量的闭环。图 7-10 所示为"小米商城 Lite"微信小程序和"小米手机"微信公众号的相关界面，可以看到它们都设置了链接彼此的栏目。

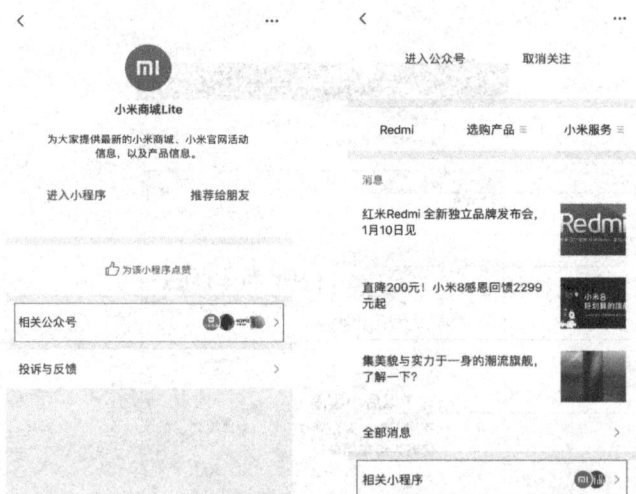

图 7-10 "小米商城 Lite"微信小程序和"小米手机"微信公众号的相关界面

7.3

优质内容是社群传播的本质

优质内容是社群传播的本质，一个事件要想获得快速传播，就必须保证其内容的优质。无论是阅读量达到 10w + 的文章，还是销量达到 10w + 的爆款商品，它们都有一个共同点，那就是为读者或消费者提供的内容是优质的。

许多用户认识一个品牌都需要一个切入点，在大多数情况下，商家的爆款商品就能成为这个切入点。因为能够成为爆款的商品，通常来说销量和口碑都是有保障的。

这很容易会让消费者形成这种想法：既然有这么多人买，而且整体评价还不错，那这件商品应该不错。这么好的商品，我也买一件看看。

店铺运营者需要明白，不是什么商品都能成为爆款的。一件商品要成为爆款，需要满足许多要求。比如，能够解决痛点，日常的消耗量大，存在同类产品不可比拟的显著优势等。

7.3.1　韩都衣舍的爆款打造策略

那么，如何打造爆款呢？我们不妨参照一下韩都衣舍的爆款打造策略。韩都衣舍是一个韩系服装品牌，其核心消费群体为大学生及追求时尚的潮流人士。因为该品牌一直走在时尚前沿，所以曾经创造了连续 3 年天猫女装销售第一的佳绩。

韩都衣舍于 2005 年在淘宝注册了第一家店，用以做韩国服装的代购。而经过 10 多年的发展，它早已成为了粉丝众多的服装品牌，仅仅是天猫的韩都衣舍旗舰店粉丝数便超过了 1 900 万，如图 7-11 所示。

图 7-11　韩都衣舍旗舰店的相关界面

如果对韩都衣舍这个品牌进行持续的关注，便会发现其销售的许多商品都快速成了爆款。那么，韩都衣舍是如何打造爆款的呢？其具体策略如下：

1. 紧跟时尚潮流

对于一个服装品牌来说，紧跟时尚潮流极为关键，如果没有跟上潮流步伐，很容易被消费者淘汰。而为了紧跟时尚潮流，韩都衣舍设置了专门的"时尚选款师"，在选择韩国潮流版式的基础上，通过设计和生产工艺的优化生产更富时尚风味的款式。

2. 对款式进行优化

一个服装款式之所以能够成为爆款，不仅是因为它符合潮流，更关键的一点在于它能够被大众接受。而许多服装的原版设计，对于部分消费者来说可能是难以接受的，这就需要对款式进行必要的优化了。

韩都衣舍的时尚选款师就是通过对款式优化来打造爆款的。他们会选择时下流行的韩国服装款式，对款式进行必要的优化，推出大众更容易接受的、属于韩都衣舍的款式。

3. 结合分析进行引爆

从事零售业的人都知道，一件商品能成为爆款，往往是因为其迎合了当下的热点，等热点一过，商品的销量便会大幅下跌。因此，大部分爆款的火爆周期通常都比较短。

而韩都衣舍的爆款，火爆周期却能长达几个月，这是怎么做到的呢？原因就是在整合数据的基础上，进行科学的分析，根据消费者反馈，对产品进行调整和优化，并配以多样化的推广方式。这样一来，商品越来越完美，设计的款式得到越来越多的人的认同，而爆款的火爆时间自然也就拉长了。

4. 良好的消费体验

对于零售商来说，并不是达成交易之后便可以忽略消费者了，因为消费者的购物体验将影响商品和品牌的口碑。韩都衣舍的良好消费体验，不仅能增加消费者的复购率，更能引导消费者对商品和品牌做出好的评价，吸引其他消费者前来购物。而这一切带来的是商品销量的大幅提升，将一个个款式快速变为爆款。

韩都衣舍的成功，让其成为许多其他品牌的模仿对象。而韩都衣舍的创始人赵迎光则表示："模仿和借鉴没有问题，但难点在于很多公司的老板思维还实行控制型管理，缺乏让员工试错的耐心，不愿意充分放权。此外，很多设计品牌存在追求'小而美'与扩大规模之间的矛盾。"

7.3.2　内容营销的核心问题

腾讯董事长马化腾认为："未来内容的价值、IP 的价值会越来越重要。流量和内容的比例将会从原来的 8∶2，变成 5∶5。同时，流量和内容，一个是人口，一个是制高点。"

这也是越来越多的互联网人和零售商重视内容营销的重要原因。其实，内容营销已经说不上是一个新概念了，比如，我们在前几年经常听到的"内容为王"便属于内容营销。

目前，关于内容营销，内容营销研究院（The Content Marketing Institute）的定义比较中肯："内容营销是一种战略性的营销方式，它主要通过创造和分发有价值、相关性强和持续连贯的内容来吸引并留住明确的目标受众，并最终驱动有利可图的用户行为。"

虽然近年来内容营销逐渐变得火热，许多公司和企业都设立了内容营销部门。但是，真正在内容营销方面做得出色的却不是很多。这主要是因为许多公司、企业或部门对于内容营销的一些核心问题缺乏充分的理解。那么，内容营销有哪些核心问题呢？具体如下：

1. 认知误区

许多人对于内容营销的认知还停留在通过各种媒体对文字、图片和视频内容进行营销的层面，其实内容营销还有许多其他的形式。比如，结合影视剧，对内容进行营销，打造 IP。

2. 战略核心

虽然零售企业和店铺进行内容营销的直接目的是打响品牌，但是，内容营销的核心不应"以品牌为中心"，而应"以用户为中心"。因为无论是品牌的知名度提高，还是商品销量的增加，都需要用户或者说消费者来实现。如果你的内容得不到消费者的认同，内容营销将很难取得成功。

3. 衡量标准

在进行内容营销之前，营销人员需要明确营销的衡量标准。只有这样，在营销过程中才能找到合适的参照，知道自己的营销活动是否达到了预期的效果，为营销的调整和优化指明方向。

虽然许多零售企业和店铺已经知道打造内容性的产品要通过社交诱导，形成自营销。但是，要想真正实现自营销，还得保证产品的内容性，而内容性产品通常必须做到 3 点，具体如下：

（1）赋予消费者明确的身份标签，让其在社群中产生归属感；

（2）在消费者购买商品之前，就能产生情感的共鸣，让消费者认为你的产品就是他（她）需要的；

（3）通过内容植入，让产品成为社交工具，并与消费者进行直接互动，从而在沟通过程中，找到更多的"内容"。

7.4

直播让每个店铺都有自己的网红

7.4.1 电商借助直播寻求更多可能

虽然电商具有诸多优势，但是随着电商平台和入驻品牌的增多，纯电商的零售企业在竞争中越来越不具有优势。在这种情况下，零售企业纷纷寻找新的销售出路，而直播就是其中一种很好的方法。

直播的优势在于商家可以通过实时展示，将商品的信息和使用效果等清晰地呈现给消费者，而且，直播营造的火热氛围，往往可以给店铺带来更大的流量和更高的消费转化率。

与纯粹的图文展示电商销售形式不同，直播可以为消费营造一个情景。当潜在消费者看到直播之后，会认为主播的使用效果很好，如果自己用效果也不至于太差。再加上主播的频繁互动和直播间巨大的优惠，即便是对直播中展示的商品需求并不是那么迫切，消费者可能也会忍不住要买。

未来的零售业，售卖的已经不仅仅是产品，更是一种信任和关系。直播的形式则可以很好地让店铺与潜在消费者建立信任和关系。特别是为店铺进行直播的是粉丝量庞大的主播的时候，主播的粉丝们便通过主播与店铺建立了关系。而且因为有主播的引导，粉丝们的购买率通常也会比较高。

正因如此，电商零售行业领域开始了"网红＋直播"的零售模式，尤其是近年来直播行业的火热，越来越多的人习惯于观看直播，而在这种潮流下，许多店铺都开始借助直播寻找更多的可能性。

7.4.2　"网红＋直播"模式的探索

伴随着直播行业的发展，越来越多的店铺开始了对"网红＋直播"销售模式的探索。无论是线上的电商平台，还是线下的实体店，都开始借助直播的力量，为店铺的发展寻求更多的可能性。

线上电商平台的店铺直播已经成为一种趋势，但凡大一些的品牌，基本上都会在店铺中进行直播。这其中便有不少借助"网红＋直播"模式获得成功的品牌和店铺，比如"吾欢喜的衣橱"。

吾欢喜的衣橱这个店铺之所以能够在众多电商店铺中脱颖而出，直播可以说是起到了至关重要的作用。因为某知名网红的长期入驻，为该店铺带来了庞大的流量和销量。

可能很多人难以想象，通过直播一天的销量可以达到上亿元，吾欢喜的衣橱不仅做到了，而且在 2017 年、2018 年连续两年的"双 11"都做到了。这就证明它的成功并不是偶然的。

图 7-12 为吾欢喜的衣橱 2018 年"双 11"期间的直播界面，从中不难看出，该场直播的观看量达到了 109 万，点赞数达到了 682 万。如此庞大的流量，该店铺的销量能达到上亿元也就不足为奇了。

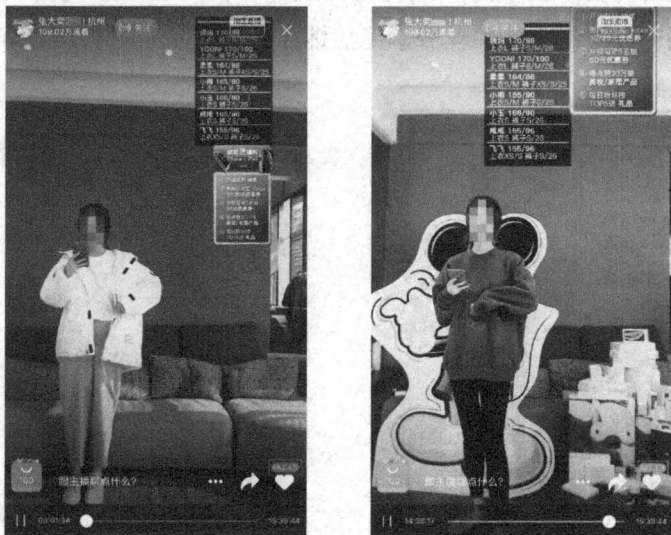

图 7-12　吾欢喜的衣橱的直播界面

"网红＋直播"的销售模式，不仅为吾欢喜的衣橱带来了巨大的观看流量和销量，更为店铺带来了庞大的粉丝量。如图 7-13 所示，目前，吾欢喜的衣橱的粉丝数达到了 995 万，而最大的功臣，无疑就是直播了。

图 7-13　吾欢喜的衣橱的粉丝数

直播并不只是电商的专属，一些线下的实体店也开始了对"网红＋直播"的探索。比如，一家实体店铺通过直播的方式，创下了单日销售额破 10 万元的佳绩。

2017 年 6 月，该店铺为了提高品牌知名度和影响力，增加店铺的流量，推出了"网红＋直播"模式的时尚推广周活动。此次直播共分为两场进行。

第一场直播选在了湖南永州宁远店，该店铺请来了"一直播"平台中拥有百万粉丝量的网红主播。这场直播中，主播在店铺中为粉丝分享了店铺品牌及其产品，还和店铺的 VIP 会员进行了互动。

第二场直播则选在了广东阳春店，该店铺请来的则是"花椒直播"平台的网红主播。该主播同样对线上的粉丝分享了店铺品牌和产品。图 7-14 所示为该店铺两场直播的相关界面。

图 7-14　店铺的直播界面

该店铺品牌推广部经理表示："此次时尚推广周活动是实体门店进行的一次与网红直播这一新兴经济模式结合的尝试，能取得如此显著的效果在意料之外。网红们的现场直播不仅吸引了大批当地终端顾客来店参与，大幅度提升了销售业绩，更是引来直播平台上百万粉丝围观，迅速登上热门，观看人数突破百万，大大提升了该店铺品牌的知名度和影响力！"

与价格敏感的电商思维不同，"网红＋直播"的销售模式更注重场景化体验，通过增加消费者的信任度和忠诚度，提高销售额，塑造品牌形象。这让许多店铺在竞争日益激烈的零售市场中看到了希望。

直播本身便带有强烈的引客属性，当店铺直播时，许多潜在消费者就会自动靠过来，再加上网红主播自身的粉丝和流量，借助直播，店铺的转化率和销量可以快速实现同步提高。

近年来视频直播行业的快速发展，让我们进入了一个"全民直播""无直播不传播"的时代。而身处其中的零售企业和店铺，也应该顺应大势，借助直播探寻更好的未来。

7.5

拉新诚可贵，留存价更高

7.5.1　概说拉新和留存

拉新，顾名思义，就是拉来新用户，或者说为产品带来新用户。拉新的方法多种多样，比如制造热点话题、投放广告和举办各种活动等，它的直接目的就是增加粉丝量。

而留存就是通过各种运营方法，将用户变成粉丝，让用户留下来。提升用户留存的方式也有很多，比如，建立会员制度，给用户留下身份上的上升空间；保证产品的品质，获取用户的信任等。

在前文我们曾经提到过，用户的留存成本往往要比拉新成本低得多。但是，大多数零售企业和店铺往往一味注重拉新，却忽视了用户留存的重要性。这样做的结果很可能是成本不断增加，而粉丝总量非但没有增加，反而不断减少。

7.5.2 留存率提高策略

留存率对于店铺的重要性不言而喻，毕竟只有用户留存下来，持续地为店铺贡献购买力，店铺才能不断积聚力量，实现良性、快速的发展。那么，有哪些提高留存率的策略呢？

1. 多做活动

纵观目前做得好的一些店铺，特别是线上的店铺，基本上都是活动做得较多的。活动本身就带有吸引潜在消费者注意力的属性，只要做活动，便可以为店铺带来一些流量。而且，消费者潜意识里会认为只要有活动就有很大的福利，即便店铺实际给出的优惠力度并不是很大。因此只要经常做活动，消费者就会愿意留下来，长期在店铺中进行消费。

部分店铺运营者可能会认为做活动需要一个噱头，而很多时候这些噱头并不是很好找，这就难以保证活动的高频率了。其实，只要有心，做活动的理由有很多，比如国内外的各种节日、店铺的周年庆和参与电商平台的各种促销活动等。

2. 提升服务质量

服务质量是影响用户留存率的重要因素之一，对于大多数消费者来说，购物应该是一种享受的过程。如果东西买得不爽，那么下次很可能便不会再来了，因而留存率自然就下降了。

提升服务质量的方法有很多，比如在消费者购物的过程中提供全方位的贴心服务，耐心、细致地回答消费者的疑问。在此过程中，零售企业和店铺需要让用户看到你对他们的重视，让用户获得愉悦的购物体验，认为东西买得值。

3. 调整优化

任何零售企业和店铺都会存在一些不足，但是都能通过不断优化让自己变得越来越完美。对此，零售企业和店铺可以通过收集消费者反馈意见的方式，分析自身的不足，从而有针对性地进行优化，提高消费者的满意度，让消费者看到零售企业和店铺在不断变好，从而愿意留下来。

4. 制定会员制度

会员制度是提高用户留存率的一种直接、有效的方法，大多数零售企业和店铺在提高用户留存率方面也将其作为重点，甚至有的店铺为了留住用户，制定了会员制，不定期地为会员们发起各种活动。

5.拓展业务

如果店铺只是单纯地卖某一类商品,即便产品和服务质量都有保证,用户留存率可能也会不断下降。因为当店铺的商品品类单一时,消费者在购买别的商品时就得去其他店铺,而当其他店铺能够满足其更多样化的需求时,用户可能就会流向其他店铺。因此,通过拓展业务,增加销售范围,就可以避免这种情况的出现。

在提高用户留存率方面,微信小程序也是一种不错的工具。比如,可以借助签到领红包的方式,让消费者持续进入微信小程序,图 7-15 所示为拼多多微信小程序"天天红包"的相关活动界面。

图 7-15　拼多多微信小程序"天天红包"的相关活动界面

7.6

玩转社群,拥有源源不断的资源池

7.6.1　为什么要创建社群

社群其实就是通过将具有相同兴趣爱好的人群聚集起来组成的一个群体。在这个群体中,因为成员间拥有共同的兴趣爱好,所以他们会愿意一起去做一些彼此都感兴趣的事情。如果零售企业和店铺能够运用好社群,便可以获得源源不断的资源,包括用户、销量和关系网等。

最早的社群是一些线下的组织，这些组织会通过一些线下的活动聚集在一起，或者社群成员本身的地理位置就聚集在一起。比如，同一个班的学生构建起来的群体，就可以算是一个社群。

而伴随着互联网的发展，社群就更加常见了。零售企业和店铺要创建社群也变成了一件十分简单的事。比如，店铺可以创建一个微信群，然后把消费者拉进去，创建一个由消费者构成的社群。

也正因如此，社群开始变得随处可见。虽然社群创建起来比较容易，但是，零售企业和店铺需要明白，社群并不是创建起来就行了。在时间和精力都十分有限的情况下，零售企业和店铺做任何事都应该有明确的目的。那么，做社群运营有什么作用呢？

1. 增加粉丝量

创建社群之后，店铺运营者可以通过社群及时推送店铺的相关活动和产品信息，让社群成员在第一时间获得第一手信息，并将相关信息传达给自己的朋友，这样一来，店铺的影响面增大了，粉丝量也会相应地增加。

比如，当店铺举办某些活动时，如果优惠力度比较大，或者销售的产品品质有保证，那么当运营者将活动信息推送到社群中时，社群成员便有可能主动向朋友分享活动信息。而社群成员的朋友在看到活动信息之后，很可能也会进店消费，而店铺的粉丝量自然也就增加了。

2. 提高留存率

用户的留存率向来是零售企业和店铺的一大难题，而通过社群的创建和运营则可以很好地达到提高用户留存率的目的。

首先，社群中成员间有共同的话题，彼此之间更能聊得来。其次，通过与社群成员的互动，运营者与社群成员的关系将变得日益密切，社群成员也会对运营者及店铺多一份信任。

3. 促进用户转化

店铺开设的初衷就是赚钱，但是，要让店铺赚到钱，就得想办法让潜在消费者在店铺中购物。通过社群的运营，则可以很好地实现用户的转化，引导社群成员进店消费。

这主要是因为通过社群，运营者和社群成员已经建立了联系，社群成员对于运营者及其品牌会多一份信任。再加上长期的沟通，运营者可以更清楚地了解社群成员的需求，从而进行有针对性的营销，引导其进店购物。

4. 塑造品牌口碑

通过社群，运营者在了解社群成员的意见之后，可以及时进行反馈，并对自身的不足进行调整和完善。而随着调整优化，零售企业和店铺可以为社群成员提供更契合其需求的产品和服务，从而获得社群成员的认可，塑造良好的口碑形象，提高社群成员的留存率。

而良好的口碑又会引起一连串的反应，比如，因为品牌的良好口碑，社群成员会将品牌分享给自己的朋友，让店铺获得更多销量；社群成员在购买产品之后给出好评，产品的整体口碑提高，其他消费者在看到评价之后，觉得产品可靠，也会选择购买。

7.6.2　如何正确运营社群

1. 社群定位

在做一项长期的工作时，我们通常都需要通过社群定位来确定自己的未来方向，为将来的工作提供参照。社群运营也是如此，在正式开始社群运营之前，我们需要先做好社群定位。

零售企业和店铺在社群运营的过程中一定要重视社群定位的作用，并根据定位在社群中与社群成员进行沟通。比如，以塑造品牌形象为定位创建的社群，就需要在社群中多分享一些对品牌形象有利的信息。

2. 找到成功的方法

一个社群的成功并非偶然，要想打造一个成功的社群，必须找到正确的运营方法。具体来说，要在运营社群的过程中，做好"四感"：

（1）神秘感：社群成员不一定要求数量的庞大，但应该注重质量，争取每一个成员都是精准用户。这在保证社群神秘感的同时，还能提高社群的整体质量。

（2）仪式感：新成员进入社群应该要有固定的仪式，以加强新成员的存在感，也能让原有成员更好地接触新成员。

（3）集体荣誉感：社群就是一个集体，要想运营好一个社群，就得让社群成员感受社群的良好氛围，对与社群相关的事项予以足够的重视。

（4）参与感：运营者需要尽可能让所有社群成员都参与到社群活动中来，这既可以提高信息的达到率，也能更好地增加社群成员之间的联系。

3. 提高社群活跃度

对于运营者来说，只有在保持足够活跃度的情况下，社群才是真正有价值的。

如果运营者在社群中推送相关信息，却没有一个人回应，甚至社群成员都选择将推送信息屏蔽掉，那么这样的社群便没有什么实际意义了。

那么运营者怎样才能保持社群的活跃度呢？笔者个人认为需要重点做好 3 个方面的工作：

（1）保持价值观的一致性。在群里能找到生活中没有的乐趣，就跟游戏一样，很容易满足用户某种价值需求的。

如果群内的干货知识特别多，很实用，社群成员就会觉得自己待在群里格调一下子提高了，增长了见识。

（2）做好每一个活动。运营者可以通过多举办活动的方式提高社群的活跃度，但是一定要将活动做好，否则只会适得其反。

比如，在正式开始活动时，可以先明确活动的相关规则，并对活动期间的相关问题进行预测，减少问题的发生。有条件的话，还可以用一定的奖励提高社群成员的参与度。

（3）线上、线下相结合。活动应该是多样性的，单纯的线上活动不能说不好，只是它始终不能像线下活动一样，可以直接与社群成员接触。而且线上活动较多时，突然来一个线下活动，也能增加新鲜感，让更多社群成员参与其中。

营销的目标不只是单次的成交，而是通过信任的建立，提高消费者的忠诚度，让消费者持续贡献购买力。而要做到这一点，就需要通过社群对消费者进行整合，并在社群运营的基础上，让消费者变成品牌和店铺的铁杆粉丝。

实体店新零售之成交篇

——

第 8 章

◇ 92% 的成交都通过情感交流达成

◇ 从 "顾客是上帝" 到 "客户是朋友"

◇ 门店业绩倍增的高效管理流程

◇ 不懂用户的销售话术都是 "自嗨"

◇ 错误的促销让销售陷入恶性循环

◇ 成交为王：其实你就是个卖货的

8.1

92%的成交都通过情感交流达成

销售行业有句俗话：成交的基础是信任，销售的前提是沟通。实体店卖东西也是如此，只有沟通到位才能产生信任，有了信任自然会产生成交。

那么，如何才能成功地沟通呢？记住这8个字就够了：沟通沟通，情感先通。也就是说，沟通的关键要素是通过对话达成情感的交流，使对方产生认同。

很多人都听过这样一句话：卖产品就是卖自己。不论是做微商还是开实体店，凡是能成交的客户都是首先认同介绍产品的人，其次才是产品。甚至在第一次沟通的前30秒，也就是给客户的第一印象，几乎就决定了能否成交。

有些店主或微商，加微信以后什么都不说，或者简单问候一句之后就直接发广告二维码，或者兀自陈述自己的产品有多好、品牌有多大。

这种做法就是自己堵死了成交的路。换位思考一下：别人加你为好友后直接给你发二维码广告你会怎么想？这是"要成交先沟通"的思维吗？这是情感交流吗？如果不是，我们是不是应该考虑做一些改变呢？

要想跟客户做到有情感交流的沟通，首先，我们要让自己具有触动别人情感的基础，那么如下几个基本原则是必须做到的。

8.1.1 尽量不说不实之词

世界上没有哪一种商品在所有消费者看来都是十全十美的，它必然会存在一些优势，同时也会有一些不足。在与消费者的沟通过程中，最好不要对消费者说一些不实之词，因为谎言终有被揭穿的一天，而当消费者意识到你在骗他时，将不会再信任你。

当然，不说不实之词，并不是放下消费者不管。店铺店员可以客观地分析产品的优势和不足，从而帮助消费者更好地进行比较。或者重点说优势，将不足一句话带过。只要消费者认为你的产品足够好，是自己需要的，那么自然会购买。

8.1.2　提对问题就成功了一半

对于不主动说话的顾客，销售人员就需要通过问的方式才能让他开口，这时销售人员就必须锤炼提问的艺术，应注意以下几点：

（1）要关注消费者透露出来的任何信息，只有在充分了解消费者的基础上，提问才能更具针对性；

（2）提问时要注意技巧和自身态度，要知道，无论是谁都不希望将购物变成一场审问；

（3）在提问之前应该充分分析消费者的需求，了解消费者的喜好，而不能让消费者觉得你是在瞎问；

（4）在与消费者接触的过程中，应该要循序渐进，先通过消费者感兴趣的问题拉近彼此的距离，再进行推销；

（5）尽量不要提一些敏感性的问题，如果这些问题真的很重要，也要委婉地询问，而不能让消费者觉得尴尬。

8.1.3　不时地赞美你的客户

卡耐基说："人性的弱点之一就是喜欢别人赞美。"人在被他人赞美的时候，心情会变好，也更容易接受他人的意见。在与消费者接触的过程中，可以利用这种心理，先对消费者进行一番赞美，让消费者对你产生好感，然后对消费者进行推荐，这样做会大大提高销售成功的概率。

人人都有虚荣心，在与消费者沟通的过程中，运用消费者的虚荣心可以更好地达到交易的目的。比如，当消费者炫耀自己时，如果投去羡慕的目光，消费者就会觉得你对他（她）足够重视，这样消费者会更愿意向你分享自己的相关信息。而通过消费者分享的信息，又可以更好地了解消费者的需求，进行有针对性的推销。

8.1.4　不要否定你的消费者

没有谁喜欢被否定，在与消费者接触的过程中，一定要注意语言的表达，切不可过多地否定你的消费者，否则消费者很可能会产生反感情绪。如果消费者所说的是一些无关紧要的内容，适时加以附和就可以了。

当然，如果消费者对你的产品有所误解，你也要及时做出一些必要的解释，但是一定要注意表达方式，不能让消费者觉得你是在故意否定他（她）。

8.1.5　减少使用专业术语的频率

要想让消费者尽可能地接收你的信息，基于你的信息做出购买决定，首先得让消费者听懂你说的是什么。因此，在与消费者接触的过程中，应尽可能减少专业术语的使用频率。

尤其是在销售过程中，更要减少使用专业术语。此时消费者需要的是根据产品的相关信息快速做出判断，而不是听到一些貌似高大上实则不知所云的内容。要知道，大部分消费者在无法根据信息进行准确判断时，为了避免自己买错东西，可能会直接做出放弃购买的决定。

8.1.6　多站在消费者的角度考虑问题

现在有的实体店销售员一天下来卖不了几件产品，这不是他们没有主动进行推销，反而是推销过于"主动"，让推销仅仅只是一种推销，而不能成为一种客观的推荐。

更可怕的是，因为太想将自己的产品卖给消费者，这些销售员都没有站在消费者的角度考虑问题，去判断所推销的产品是否是消费者真正需要的。这样的推销行为自然难以取得预期效果。

8.1.7　不要和消费者争执

在与消费者接触的过程中，销售者应该本着"消费者永远都是对的"的原则进行沟通，即便心里不是这么想的，在表达上也要让消费者觉得你是这么想的。因为当销售者质疑消费者或者与消费者发生争执时，很容易让消费者产生反感情绪，而这样一来要想将产品卖给消费者就很难了。

对于销售者来说，将产品卖给消费者才是最紧要的事，完全没有必要因为一些小事与消费者发生争执而丢了生意。这就要求销售者在与消费者沟通的过程中多一分谦和，尽可能避免争执。

8.1.8 多倾听,少说话

为什么人只有一张嘴巴,却有两只耳朵呢?这就是要我们在与他人的沟通过程中多倾听、少说话。对于销售者来说尤其如此,因为如果你没有认真倾听,那么很难了解消费者真正要的是什么。

而且,有时候消费者说话的语速比较快,信息量也比较大,如果此时销售者不认真倾听,很可能无法完全接收消费者传达的信息,也就更不用说通过消费者的表达进行有针对性的营销了。

8.1.9 关注消费者的表达

消费者在进行自我表达时,是通过多种方式向销售者传达信息的,除了口头和书面语言之外,肢体语言和表达的语调都能传达出丰富的信息。而一名优秀的销售者就是能通过对消费者表达方式的观察,准确地把握消费者的真实意图。

除了了解消费者的表达意图之外,还需要关注消费者的表达节奏。比如,当消费者的表达节奏比较慢时,销售者也应该适当降低自己的语速,这样更容易营造融洽的沟通氛围,拉近与消费者之间的距离。

8.1.10 适当沉默并不是坏事

大部分销售人员都希望在顾客面前表现出知识渊博、口才一流的一面。其实顾客并不喜欢销售员太像销售员,即使偶尔说错话甚至忘词也并不一定是什么坏事,有时反而能拉近与顾客的距离。

另外,也要习惯顾客的沉默,当销售员提出一个问题,顾客却保持沉默的时候,一般阅历不深的销售员总是急于说点什么以打破沉默。其实没有必要,适当的沉默也可以给顾客一点思考的时间。另外,建议在你接话前停顿 3 ~ 5 秒,这样既不会干扰对方思考,也会显得尊重对方。

沟通技巧对于销售的成功与否有时候起着决定性的作用。当然,一笔交易的达成,还需要立足消费者的需求之上。因此,在进行推销之前,必须重点了解消费者的需求,明白消费者真正想要的是什么。只有这样,销售者才能采取合适的沟通方式,进行有针对性的营销。

8.2

从"顾客是上帝"到"客户是朋友"

8.2.1 顾客不是上帝

许多零售企业和店铺将"顾客是上帝"作为一项运营原则，认为员工需要无条件地满足顾客的各种需求。而在大多数情况下，嘴上说着"顾客是上帝"，实际上却并没有做到。

顾客只是在交易过程中处于相对的优势地位。在与顾客交易的时候依据的也是市场法则。虽然零售企业和店铺需要尊重顾客，但是也要在等价交换的基础上寻求双赢，毕竟没有哪个店铺会为了讨好顾客而一直做亏本买卖。

所以，零售企业和店铺与顾客之间应该是相对平等的关系，需要给予顾客足够的尊重，但是也无需仰视顾客。

对于顾客来说，他们需要的不是一个个唯唯诺诺的膜拜者。顾客来店铺是想买到自己需要的、适合的东西。而零售企业和店铺需要做的就是通过对销售人员进行培训，让销售人员可以为顾客提供更好的服务。

笔者曾经在电视上看到这么一段视频：一名销售者在与顾客的沟通过程中，遭受到持续的谩骂，而这名销售者能做的只是低着头，生怕再说错什么话让顾客的情绪变得更加糟糕。

店长在听到顾客的谩骂之后，先是对顾客表示了歉意，然后也没有询问情况，直接就是对着销售者一通臭骂；骂完之后，也不分析问题出在谁身上，便要求销售者给顾客道歉。

当然，在顾客不满的情况下要照顾到顾客的情绪，但是，也不能不问缘由地就将责任归咎到销售人员身上。因为有时候并不是销售人员没有做好，问题也有可能出在顾客身上。

"顾客是上帝"可以视为对顾客给予足够的重视，但是不应将照顾顾客的情绪作为服务的宗旨。

其实"顾客是上帝"这种观点，最大的问题就在于总认为顾客永远是对的。如果零售企业和店铺以此为原则，过分地迁就顾客而忽视了员工的感受，很可能会让员工对零售企业和店铺彻底失望。

8.2.2　把顾客当朋友

相对于"顾客是上帝"，笔者认为"顾客是零售企业和店铺的朋友"这种定位更为准确。零售企业和店铺需要通过顾客进店消费，为店铺和品牌的成长提供动力，零售企业和店铺从根本上说都是由顾客养活的。

随着零售业的发展，越来越多的零售企业和店铺意识到了顾客的重要性，甚至直接以顾客为中心开展运营工作。因此，如何对待顾客也就成了许多零售企业和店铺的管理者普遍关注的一个问题。

一方面，顾客对于交易具有决定权，如果顾客不愿意，交易便无法完成；另一方面，零售企业和店铺从事零售业多年，对于产品往往更加了解。在这种情况下，如果一味地听从顾客的意见，不提供专业性的意见，那么顾客可能会因为对产品了解不全面而未能买到自己真正想要的产品。

其实在很多顾客看来，与其被当成"上帝"，还不如被当成朋友，从销售者口中获得贴心的服务和客观的建议。顾客到店消费毕竟是想买到自己需要的产品，而不是为了听销售人员的奉承。

顾客和店铺中的销售人员更多的是一种互动的关系，交易的达成也是建立在愉悦的沟通氛围之上的。顾客需要通过销售人员的推荐，增加对商品的了解，选择更适合自己的商品。而销售者则需要在与顾客沟通的过程中了解顾客的需求，并在此基础上进行有针对性的推荐。

所以，零售企业和店铺要想提高顾客的满意度，必须重视提高员工特别是销售人员的满意度。因为销售人员是与顾客直接接触的，如果销售人员对零售企业和店铺不满意，不用心工作，那么顾客的满意度自然也就难以提高了。

现在，国外的许多零售企业和店铺早就抛弃了"顾客是上帝"这种观点，转而奉行"顾客是朋友"的观点。也有部分零售企业和店铺奉行"员工第一，顾客第二"的原则，意图通过提高员工的满意度来提高顾客对零售企业和店铺的满意度。

当销售人员对工作的满意度提高了，在与顾客沟通的过程中才有可能更好地把顾客当成朋友，真诚地对待每一位顾客。而顾客在感受到销售人员的真诚之后，自然也会对销售人员多一份信任感。

老子说："虚其心，实其腹。"当零售企业和店铺给顾客足够的优惠，让顾客对你产生依赖时，顾客便会慢慢地失去自我思考的意识，转而将他（她）眼中的朋友——店铺销售者的意见作为重要的参考依据。在这种情况下，顾客的忠诚度自然就大幅提高了。

其实，不只是在店铺里的沟通，在加了顾客的微信之后，还应该秉持和顾客交朋友的思维。在互联网时代，社交的重要性越来越明显，要想让顾客信任你，就要和顾客搞好关系。

当然，要和顾客交朋友并不是一件简单的事。除了在微信上发布消息之外，还需要花更多的心思在顾客身上，了解顾客的需求、倾听顾客的意见、解决顾客的问题。只有你真诚地为顾客服务了，顾客才有可能感受到你的真诚，真正把你当成朋友。

8.3

门店业绩倍增的高效管理流程

8.3.1　借力社群

社群对于零售企业和店铺的价值是多方面的，它不应该只是一个做广告的地方。社群的重要价值更在于通过资源的整合，实现品牌价值的最大化，让门店的业绩倍增。当然，品牌在社群中的影响力还是由运营得来的，因此，社群运营便成为零售企业和店铺的必备能力。

要想运营好一个社群并不是一件容易的事。一般来说，为了更专注地进行社群运营，零售企业和店铺需要组建专门的社群运营团队，并将拉新、促活和策划等任务分配给不同的成员，让社群运营变得具体、可实施。

社群既可以是获取海量粉丝的一种有效方式，也可以是产品销售的一种渠道。而且，社群创建和加入的门槛比较低，所以，当零售企业和店铺的发展出现瓶颈时，社群运营或许可以提供新的突破。

需要注意的是，因为在社群中运营者是直面用户的，运营者分享的任何信息，可以通过互联网快速扩散到世界各地，所以，如果对于某些信息运营者自己都不能确定，最好不要推送到社群，以免对零售企业和店铺造成负面影响。

对于零售企业和店铺来说，只有当社群成员对你的产品和服务有需求的时候，才是具有运营价值的。这就要求零售企业和店铺在创建之前，应对社群成员和社群进行必要的筛选。

除此之外，零售企业和店铺还要在与社群成员的沟通过程中，了解社群成员的真实需求，并针对需求推荐产品和服务。只有这样，你推荐的产品和服务才能获得社群成员的认同。

在社群中，零售企业和店铺的运营者需要以服务为导向，为社群成员发挥自身价值提供一个平台。只有这样，才能让社群的价值不断提高，吸引更多希望得到肯定的新成员不断加入。

在社群中，零售企业和店铺的运营者可以通过沟通互动为社群成员提供具体的场景，从而增强社群成员的仪式感和体验感。而这种仪式感和体验感不仅可以彰显社群的价值，还能强化社群成员之间的共同价值观，增强社群的凝聚力，让社群的行动更加统一。

对于社群成员来说，如果能够一起做某些事情，彼此的感情自然就会加深。比如，许多人在表达与他人的关系好时，通常会说"一起扛过枪，一起同过窗"。这就是说当人们共同做某一件事时，彼此便建立了情感连接，而彼此的关系也会从弱关系变为强关系。

有一家儿童影楼，曾经在3小时内成交了1 000多单，它是怎么做到的呢？其实就是运用了社群的力量，让社群成员一起做相同的事。

该影楼先是建立了一个微信群，然后把老客户都拉进群里。当然，这里需要一定的技巧，如果是生拉硬拽的话，效果肯定不会很好。这一点很好理解，就像突然有人拉我们进群时，我们也会有所顾虑，甚至会质疑对方拉自己进群的目的，产生反感情绪。

而且对于一个店铺来说，老客户的数量通常来说都是比较有限的，如果只是创建一个老客户社群，那么社群的价值将会变得比较有限。所以，要充分发挥老客户的力量，让老客户拉新客户，以增加社群的人数和提高整体价值。

此时，零售企业和店铺需要做的就是给社群成员一定的福利，让他们主动帮忙拉新。而这家影楼就是通过送溜溜车的方式，让老客户更积极地帮忙拉新。

其实，一个溜溜车的价值也就几十元，成本比较低，但是，老客户只有在拉10个宝妈进群后才会获赠溜溜车。这样一来，老客户拉新的积极性就大幅提高了，新客户的增长速度也就比较快。

而且在这个影楼的活动中，新加入的成员也可以再拉其他人加入。在这种情况下，社群成员的数量不断裂变，快速积累，而影楼推送信息时受众群也就大幅扩大了。

另外，该影楼在营销方面也很有方法。当社群成员达到预期数量之时，影楼便在社群中推出了 39 元秒杀 699 元的活动，而且告知社群成员具体的秒杀时间。这不仅可以保持社群成员的不断增长、增加活动的覆盖面，也能让社群成员做好准备，按时参加活动。

正因如此，当秒杀活动正式开始之后就迎来了抢购，在短短 3 小时之内，成交超过了 1 000 单。

8.3.2　台阶思维

在社群运营的过程中，通过前期定位，然后根据社群成员的需求进行营销，通常就会获得不错的用户转化效果，让产品的销量直线上升。但是，也有部分社群会出现转化率低的情况。

之所以会出现这种情况，原因可能是多种多样的，其中比较常见的一个原因就是购买门槛太高，或者说台阶太高。而大部分消费者都比较谨慎，如果没有第一次愉快的合作作为前提，可能就不会继续购物了。

因此，在社群运营的过程中，运营者需要运用台阶思维，降低门槛，让社群成员可以一步步地迈上台阶，形成持续的购买力。所以，在设计产品方案时就需要设计几个台阶，具体如下。

1. 鱼饵产品

这个鱼饵产品也被称为体验型产品，即通过这个产品跟别的联盟单位合作。比如，通过微信引流，让消费者先获得体验；如果体验成本低而价值又比较高，消费者就会觉得物超所值，愿意再次进行购买。

2. 入门产品

消费者对产品和服务有了初步体验之后，对产品和服务的接受度会有所增加，甚至会马上决定购买。此时，社群运营者就可以为社群成员提供一些价格相对较低的产品和服务，而不能直接就向社群成员销售昂贵的产品和服务。

3. 常利产品

经过前面两个阶段的铺垫，社群成员会对社群运营者多了一份信任，而且因为社群成员已经有了一两次购物体验，此时，社群运营者向社群成员销售一些常规产品和服务，社群成员通常也会愉快地接受。

4. 高利产品

随着与社群成员关系的日益密切，社群成员对社群运营者的信任度会不断提高。此时，可以从社群成员中筛选一些优质的成员，通过产品定制，为这部分人提供高利产品，从而获得可观的收益。

8.4

不懂用户的销售话术都是"自嗨"

8.4.1　锤炼提问艺术

俗话说："一句话惹人笑，一句话惹人跳。"用在销售场景，说的就是不同的销售话术可能会引起消费者完全不同的反应，从而产生不一样的销售结果。经验丰富的销售人员懂得锤炼提问的艺术，他们常常问的是"您想要买多少？""您更喜欢这种款式，还是那种款式？""您对颜色有没有什么偏好？"等。

这些提问的高明之处就在于假设消费者已经做好了购买决定，这无形之中就对消费者做出了一定的暗示，对消费行为起到了很好的引导作用，而消费者还以为所有的决定都是自己自由做出的。那么，怎样锤炼提问艺术呢？笔者认为可以重点从以下 3 个方面努力。

1. 语气要温和、肯定

在与消费者沟通的过程中，销售者在表达时语气要温和、肯定，这既能让消费者感受到良好的服务，也能让消费者看到你对产品和服务的自信，从而对你的产品和服务产生更大的兴趣。

比如，相对于"我想知道您是否……""我觉得您可以看看……"这一类的提问，"我想……""您是否……"这种直接的叙述表达，往往能让消费者对你表达的内容更感兴趣。

2. 做到有的放矢

作文讲究的是言之有物，而在与消费者沟通的过程中则需要做到有的放矢。为此，销售者需要在与消费者的沟通过程中，通过消费者的一言一行，了解消费者的具体需求，而不能不顾消费者的感受，漫无目的地进行推销。

3. 不要下"最后通牒"

有的销售者在与消费者沟通了一段时间之后，会向消费者发出"最后通牒"。比如，"您还没有决定好吗？""您不买的话，我就去招呼别人了""我看这个挺好的，您可以去结账了"。此类表达之所以不好，是因为很容易让消费者觉得你不耐烦，进而生出反感情绪。

还有一些销售者其实在与消费者沟通的前期便说错了，比如，"您需要什么？""有什么可以帮您的吗？""可以耽误您几分钟吗？"。之所以说这些表达是错误的，是因为消费者只需要一句"我就是随便看看"就可以打发你了。

在听到消费者这么说之后，很多销售者只能说："那您先看，有需要可以随时叫我。"然后识趣地走开。而接下来消费者很可能是在店铺中了一圈之后，就直接走出去了。

由此便不难看出前期沟通的重要性，有时候愉快的前期沟通就相当于成功了一半。通常来说，当消费者来到你的店铺中时，比较好的表达是："欢迎来到××店！"这种表达有两个好处。

其一，当消费者还在店外徘徊时，可以很好地吸引消费者的注意，并告知消费者你的品牌；其二，这句话也是当着消费者的面为品牌打一个广告，以增强消费者对品牌的记忆，这样，即便消费者没有购买你的产品，至少也会对你的品牌留下更深的印象。

接下来，销售者需要做的就是想方设法把消费者留下来，为销售创造更多的机会。通常来说，可以参考两种方法。第一种是"这是刚来的新款，您看看……"，通过消费者对新事物的新奇感让消费者留下来；第二种是"我们现在在做活动，全场买××、送××"，通过优惠，让消费者忍不住想要多看几眼。

如果消费者愿意留下来，就说明他（她）或多或少有一些购物需求。销售者可以趁热打铁，抓紧时机，直接向消费者介绍产品。而至于能不能成交，就得看销售者的销售功力了。

8.4.2 FABE 销售法则

销售绝不是简单地卖东西，它是一个需要分析消费者心理的事情。基于变幻莫测的用户心理，有没有一个规律性的东西能够更方便地掌握运用呢？笔者在这里推荐 FABE 销售法则。

什么是 FABE 销售法则？FABE 由 features（特征）、advantages（优点）、

benefits（好处）、evidence（证据）这 4 个英语单词的首字母组成。FABE 销售法则是从上述 4 个方面进行分析而得出的一种销售法则：通过直接的利益驱动而增加销售的成功率。

1. F：features（特征）

F（features）是指在与消费者的沟通中，客观地向消费者介绍产品和服务的特征与特色。最好是你的店铺有而别的店铺没有的，或者是你的产品和服务有而别人的产品和服务没有的特征与特色。

比如，你的店铺中卖的食品都是没有任何添加剂的，并且都是手工制作，那么你就可以将"无添加、纯手工制作"作为店里食品的特色。

2. A：advantages（优点）

A（advantages）是指在与消费者沟通的过程中，要重点向消费者介绍产品和服务的优点。这个优点应该是你的产品和服务或者你的店铺胜出别人的地方。在实际操作中，销售者可以通过对比来实现。

比如，市面上的衣服通常都只能穿一面，而如果你的衣服能两面换着穿，那么对于那些希望获得更多着装体验和不太喜欢一直换衣服的人群来说，两面都能穿便是你的衣服的优点。

3. B：benefits（好处）

B（benefits）是指通过表达你的产品和服务及其优点能够给消费者带来的直观的好处，增加消费者对你的产品和服务的接受度。

比如，有一些自行车能够折叠，此时，销售者便可以向消费者传达产品的明显优点，如方便携带、易于存放等。

4. E：evidence（证据）

E（evidence）是指通过一定的证据，证明你的产品和服务的特征、优点及好处，让消费者确信你的产品和服务真的如你所说。

比如，当消费者对你的表达有所怀疑时，你可以让消费者查看他人对自己产品和服务的评价，或者直接当场做一些小实验，让消费者能够亲身获得真实的感受。

在销售话术方面也有不同的声音，比如，名创优品便喊出了"名创优品不做服务"的口号，甚至让店铺里的员工不要去主动打扰消费者，让消费者在店铺中自由选择就好。

去过名创优品的消费者都有这样的感受：只要你不去主动沟通，店铺的店员便不会和你说话。但是即便如此，许多消费者还是享受这种自由选择商品的感觉，因而大多数名创优品店铺中的流量通常比较大。

这就说明 FABE 销售法则也不是适用于所有店铺。零售企业和店铺在销售过程中，需要根据自身实际情况采取合适的策略，并不是说有什么方法是适用于所有店铺的，FABE 销售法则也不例外。

8.5
错误的促销让销售陷入恶性循环

对部分零售企业和店铺来说，促销是万能的，似乎什么问题都能通过促销来解决。产品销售量太低怎么办？促销啊！用户好像对产品的兴趣不高，怎么办？促销啊！被竞争对手远超怎么办？当然还是促销啊！

虽然在竞争压力不断加大的大环境之下，促销对于大多数零售企业来说确实是一种比较有效的手段，但是当促销用得太多，甚至错误地使用促销时，很有可能难以达到预期的效果。

8.5.1 促销的常见错误

其实，促销对于零售企业和店铺来说就是一把双刃剑。不可否认，通过促销，可以快速让店铺聚集大量人气，从而促进产品的销售。但是，在促销活动中，零售企业和店铺的利润空间会大幅压缩，即便销量大幅提高，也难以获得比较可观的收益。

而且，当你在做促销时，你的竞争对手可能也会通过促销予以还击。这样一来，要想在促销过程中占据相对优势，你就只能不断压缩利润空间，直至做亏本买卖。这样的促销便成了一种恶性竞争。

另外，随着促销活动的增多，用户也会对促销越来越无感，促销能起到的作用也会越来越小，甚至花了时间、精力和金钱做促销，却不能起到丝毫作用。这可能是因为零售企业和店铺在促销过程中犯了如下错误。

1. 促销过于频繁

许多零售企业和店铺之所以要做促销，最直接的目的就是希望快速提高店铺的人气，在短时间内卖出更多的产品。但是，当促销过于频繁时，效果将明显变弱，甚至无人问津。

之所以会出现这种情况，主要就是因为消费者已经对你的促销感到麻木了。而且一个店铺中销售的产品都是相对固定的，在经过多次促销之后，消费者的需求也会渐趋饱和。

比如，在××微信小程序中设有"××秒杀"栏目，这个栏目会定时进行产品促销。可是即便这些产品的促销力度比较大，仍有部分产品的销量并不是很高，这就是因为"××秒杀"这个栏目是固定进行促销，部分消费者已经对此有些麻木了。图 8-1 所示为"××秒杀"栏目的相关界面。

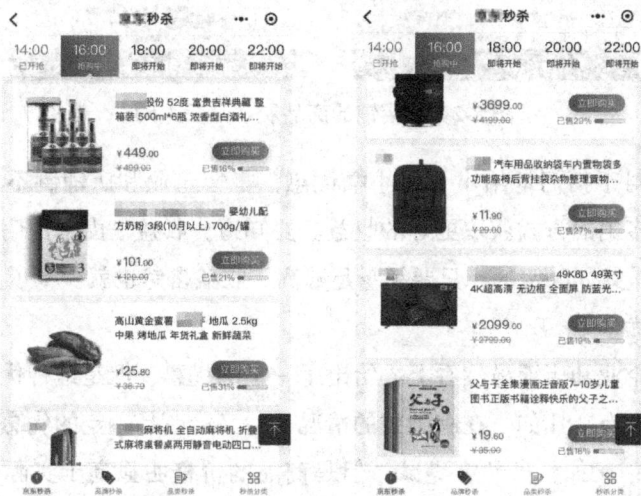

图 8-1　"××秒杀"栏目的相关界面

2. 打折力度太小

有的零售企业和店铺对于促销活动的效果感到疑惑：明明自己的产品已经打折了，给了消费者一定的优惠，但是来店购买的消费者还是很少。之所以出现这种情况，很可能是打折的力度太小，起不到吸引消费者购物的作用。

图 8-2 所示为某店铺的商品展示界面，可以看到在该店铺中，基本上所有的商品都是有优惠的。但是，优惠的力度比较小，许多商品只是在原价的基础上优惠了 1 元。而且更让消费者不满意的是，该店铺明明是可以满减的，但是因为这些商品已经给出了优惠，所以也不能享受满减优惠了。

试问，面对这样的情况，又有谁会觉得店铺是真正在给消费者优惠呢？因此，该店铺的商品销量不高也就不难理解了。

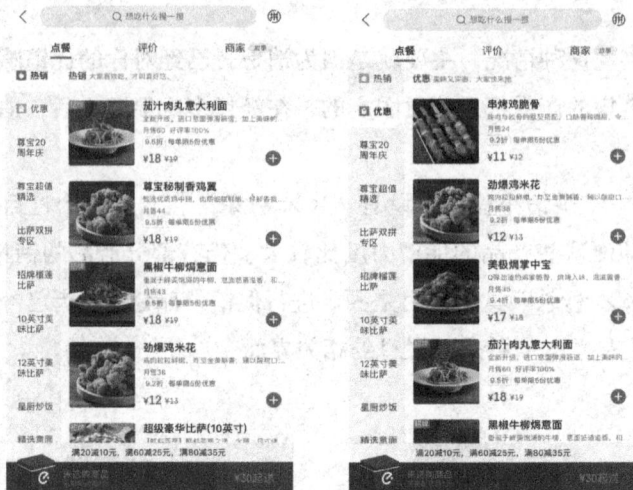

图 8-2　某店铺的商品展示界面（1）

其实，相对于抠门地给出一些小幅优惠，零售企业和店铺倒不如多给一些优惠，通过薄利多销的方式获取更好的收益。要知道，收益是由单件商品的利润空间和商品的总销量共同决定的。只要销量足够高，收益自然也就少不了。

3.虚假的优惠

有的零售企业和店铺虽然看上去给出了一定的优惠，但是这种优惠在消费者看来基本上等于没有。比如，在有满减的情况下，又给商品一定的优惠，导致消费者无法享受满减；又如，虽然有满减，但是商品的价格明显高于实际价格，满减之后，和其他店铺同类产品的价格并没有什么差别。

图 8-3 所示为某店铺的商品展示界面，可以看到该店铺的满减力度比较大，但是仔细看看商品的价格就会发现问题：要么价格明显偏高，要么商品已经打折，无法再享受满减。

很显然，该店铺的优惠便属于虚假优惠。当消费者看到虚假优惠时，便会觉得自己被骗了。试问，谁会在被骗的情况下还乖乖地买单呢？因此，该店铺的商品销量平平也就不足为奇了。

4.促销方式单一

部分零售企业和店铺为了图省事，从开店开始，就采取一种不变的促销方式。这种单一的促销方式可能在促销的前期获得过不错的效果，但是时间一长，基本上就不会再有太大的效果了。

图 8-3　某店铺的商品展示界面（2）

比如，在有的实体零售店中，喇叭整天在喊："全场清仓，最后 3 天。"消费者在刚听到时，可能会觉得该店铺的优惠力度比较大，会进店去看一看。然而过了半个月，喇叭里还是播着相同的话，那么消费者还会有兴趣进店消费吗？

8.5.2　促销的主要误区

对于实体店来说，促销也是店铺管理当中常见的营销手段，像一些服装店，在进入换季时也就到了清库存的时候了。但许多促销活动都不够科学，甚至会陷入一些误区。通常来说，在促销的过程中主要有四大误区，具体如下。

1. 全场统一

有的零售企业和店铺觉得对每种商品设置不同的折扣过于麻烦，于是直接给全场所有的商品设置统一折扣，比如直接给出全场 8 折的优惠。其实这样的促销方式是很不科学的。

为什么这么说呢？因为当全场折扣统一时，消费者很难在与店铺中其他商品的对比中感受到优惠，他们依旧只是根据感觉选择自己喜欢的商品，而销售者也只是对急于卖出去的商品进行推荐。

这么做会让消费者心中产生一种想法：好的款式、容易卖一些的，都是 8 折，那不怎么好的款式、难卖一些的，不应该给更低的折扣吗？而且在对比过程中，消费者会觉得买好的款式更为划算。这样一来，可能出现的情况就是好的款式很快就卖完了，而不怎么好的款式很久都卖不出几件。

2. 群发消息

群发促销消息确实是一种省事的营销方式，而且也能让促销消息快速进行覆盖。当潜在消费者看到群发的促销消息之后，如果觉得促销力度比较大，便会选择进店购物。

之所以说群发促销消息不好，主要就在于当看到群发消息时，在此之前用正价购买相关产品的消费者会觉得自己买亏了，而且会认为你现在才告知，就是为了赚他（她）的钱。

另外，因为你是群发的消息，所以你的核心客户会觉得你这么随便群发一个消息而没有特意告知，这是对他（她）不够重视。因此，群发促销消息很可能会让你的核心客户越来越少。

3. 纯粹吸引人流

部分零售企业和店铺认为促销活动最重要的是吸引人流，通过让更多的潜在消费者知道品牌来提高品牌的知名度，于是采取一些看似优惠力度极大，但在消费者看来并没有多少优惠的促销活动，用以吸引人流。

这种做法之所以不可取，主要有两方面的原因。一是即便促销也不会卖出多少东西，不能为零售企业和店铺带来多少收入；二是这种促销会给潜在消费者留下不好的印象，觉得零售企业和店铺没有给出实在的优惠。所以，店铺获得的人流量越多，对店铺的影响反而越不好。

4. 不科学的策划

不科学的促销活动策划，不仅难以达到提高品牌知名度和产品销量的目的，还会给潜在消费者留下不好的印象，这对零售企业和店铺接下来的营销可能都会带来一些不利的影响。

8.5.3　正确的促销活动

有的读者看到这里可能会想：既然促销这么容易做错或者走进误区，那干脆就别做促销了。这种想法显然是错误的，且不说正确的促销活动取得的效果是显著的，单说在同行都在进行促销的情况下，如果你不能通过促销予以回应，很可能就会在竞争中处于劣势。

那么，怎么做才能算是正确的促销活动呢？零售企业和店铺可以结合潜在消费者的需求及自身要达到的目标，通过多样化的促销方式，进行场景化的促销。在此过程中，零售企业和店铺需要重点做好 4 个方面的工作，具体如下。

1. 做好价格锚定

价格锚定，简单的理解就是把一些常见的产品价格作为参考点。当这些产品价格相对较低时，消费者就会觉得其他的产品也会很便宜，从而刺激消费需求，提高产品的销量。

价格锚定常见于超市的促销活动中，比如，超市常常会将一些使用频率高的产品进行低价出售，比如一提 10 卷的卷纸价格不到 10 元。当消费者看到卷纸这么便宜时，就会推想其他产品应该也不至于太贵，于是在买了卷纸之后，往往会再去购买其他的产品。

2. 鼓励初次尝试

很多消费者在购物时通常比较谨慎，当没有买过类似商品时尤其如此。因此，在促销过程中，促销人员还需要通过一定的方法，鼓励消费者进行初次尝试，让消费者在体验之后放心购买。

比如，有的零售企业和店铺在进行产品促销时，通常会有试吃、试用的活动，这其实就是在吸引消费者进行初次尝试。而当消费者在尝试之后觉得满意，自然就会放心地去购买产品了。

3. 合适的促销方式

在开始促销之前，零售企业和店铺需要根据商品的购买频率选择合适的促销方式，让消费者真切地感受到优惠。

比如，对于购买频率低的产品，如房子、汽车等，比较适合进行持续促销。这是因为消费者对于这部分商品的消费量相对有限，大部分人一生可能也就买一套房、一辆汽车。此时，通过持续营销，让消费者在购买时觉得自己买的时候"正好"有优惠，这样，消费者在庆幸自己幸运的同时通常会提高购物需求。

而对于一些购买频率高的商品，如一些日常用品，则比较适合进行短暂的、相对低频的促销。因为消费者对这部分商品心里都有数，当零售企业和店铺偶尔来一次优惠时，消费者就会明显感受到优惠，并抓住机会进行购买。这样一来，产品自然就可以获得不错的销量。

4. 减少促销的副作用

一些不太恰当的促销活动可能会造成一些副作用，如果对这些副作用处理不当，很可能会给零售企业和店铺带来持续的不利影响。对此，零售企业需要通过一定的举措，如提高产品和服务的价值，让消费者觉得买得值。这样，在促销结束之后，消费者只要觉得有价值，依然会购买。

比如，有的店铺在销售减肥药等产品时，会进行"买×送×"的促销活动。而消费者在购买了一个疗程之后，促销活动可能已经结束了，但是如果消费者觉得这种减肥药确实有作用，那么即便价格已经恢复原价，消费者还是会继续购买，因为此时效果已经比价格更重要了。

8.6

成交为王：其实你就是个卖货的

在销售过程中，作为销售人员一般不应等待客户提出成交，而要善于捕捉成交信号。当客户对产品各方面的情况都感到比较满意时，往往会表现出来，这时我们就要积极创造条件或采取办法促进客户成交。

8.6.1　帮助消费者决策

很多时候，消费者在进店之后之所以没有购买产品，不是因为他（她）没有需求，而是因为他（她）无法决定要不要买、买哪个好。因此，在与消费者沟通的过程中，销售人员需要做的一件事就是帮助消费者决策，让消费者能够放下心来购买你的商品。

当然，在向消费者推销产品、帮助消费者决策之前，销售人员需要通过高超的话术营造良好的沟通氛围，并在互动的过程中了解消费者的真实需求，进行有针对性的推销。

而在帮助消费者决策时，销售者需要重点做好 3 个方面的工作，让消费者更好地接受你的意见。具体如下：

1. 及时询问

大部分消费者在进店之后，可能只是一言不发地到处看。如果销售者不主动上前沟通的话，他们基本上不会和你聊天。但是，如果你不和他们沟通，他们又会觉得不受重视。而且，要想帮助消费者决策，需要先了解消费者的需求，这就要求销售者必须及时询问。

比如，当消费者看某一件商品的时间比较长时，销售者可以说："您眼光真好，这是我们店的一个爆品，大部分消费者都会买这种商品，而且这种商品虽然比较便宜，但是很好用，您是否要买一个呢？"

需要特别注意的是，在主动询问之前，最好先通过一些过渡语拉近与消费者的距离，而不宜直接进行询问，否则消费者会觉得你似乎不太愿意与他（她）沟通，而只是希望他（她）快一点买东西。

2. 刺激消费需求

当消费者表达出购买意愿，却还没有下定决心时，这就说明消费者只差一点就决定购买了，此时，销售者需要做的就是通过一定的方法刺激其消费需求，给消费者"临门一脚"。

比如，当消费者要买衣服，而且还进行了试穿时，销售者可以这么说："您穿上这件衣服真好看，感觉这件衣服就是为您定做的。无论您问谁，都会说您穿这件衣服非常合适。"

通过这样的表达，即便消费者知道你是在奉承，但是对你的话多少也会信几分，而且会觉得反正要买衣服，既然自己喜欢，而且销售者也觉得不错，那就买了吧。

3. 强化产品优势

产品的优势在消费者的购物过程中可以起到决定性的作用，尤其当消费者还在犹豫要不要买时，如果销售者能够合理利用各种话术对产品的优势进行强化，那么消费者就会觉得这个产品很不错，很值得买。

8.6.2　促进成交的技巧

在销售过程中，虽然主动权掌握在消费者手中，但是如果能够运用一些技巧，成交率将会得到很大的提高。常见的促进成交技巧主要有10种，接下来笔者就分别进行解读。

1. 直接要求法

当消费者表现出购买意愿之后，销售者可以通过直接向消费者提出购买要求的方法来引导成交。比如，可以对消费者说："既然您觉得这件衣服不错，那咱们就赶紧买了吧！"

这种方法的优势在于可以提高销售效率，让消费者抓紧时间成交。而缺点就是对消费者来说具有逼迫性。如果消费者逆反心理比较重，在运用该方法时可能会适得其反。

2. 提供选择法

提供选择法就是结合消费者的需求，给出一些选择项，让消费者可以更好地做出决定。因为这种方法是在假定消费者会在店铺中购买产品的情况下给出的选择，所以往往能起到引导消费的作用。

一般来说，在提供选择项时，最好只提供两个选项。因为如果选项太多，对比起来比较麻烦，消费者可能难以做出决定。比如，销售者可以根据消费者的需求，选择两种比较合适的产品问："您是要 A 产品还是 B 产品呢？"

3. 利益总结法

消费者在购物时，通常比较注重自身的利益，思考买某件商品到底值不值得。此时，销售者可以将消费者关注的一些利益点进行总结排序，然后选择消费者最关心的利益点进行劝说。

比如，当消费者对商品的价格明显比较关注时，销售者便可以从价格的角度切入，对消费者说："您的这件衣服，原价 998 元，现在只要 798 元，直接便宜了 200 元，这已经是这件衣服的历史最低价了。"

4. 优惠成交法

优惠成交法，也被称为"让步成交法"，是指通过给消费者一定的优惠帮助成交的方法。在运用优惠成交法时，需要注意 3 点：

（1）要让消费者觉得这个优惠只有他（她）一个人才有，这样能让消费者觉得你对他（她）足够重视；

（2）不到最后时刻不要随便给出优惠，否则消费者会觉得你还有让步的空间，而对优惠力度提出更高的要求；

（3）要学会把"锅"甩给别人，通过向消费者表达你的权力有限，表明当前已经是最大的优惠了。

比如，可以对消费者说："如果您真的想买这件商品的话，我可以给您 9 折的优惠价。不瞒您说，这已经是我能争取到的最大的优惠了，即便是我的家人来买，这件产品也最多打 9 折。"

当听到销售者这么说时，消费者就会觉得：你已经帮我争取了优惠，而且是你能争取到的最大优惠，相对于别人原价购买，我享受到很大的优惠，那我还是买了吧。

5. 激将法

激将法是指通过刺激消费者的好胜心和自尊心而促使消费者购买商品。在使用激将法时，销售者应该尽可能地平静和自然，避免让消费者察觉到你在刺激他（她），否则难以获得预期的效果。

比如，在"饿了么"App中，设置了"招牌美味限量抢"栏目，该栏目中的商品都是限量出售的，而且会显示剩余的份数，如图8-4所示。这种做法的高明之处就在于容易让消费者觉得如果不抓紧时间购买，可能等一会儿就卖完了，所以只能赶紧下单购买。

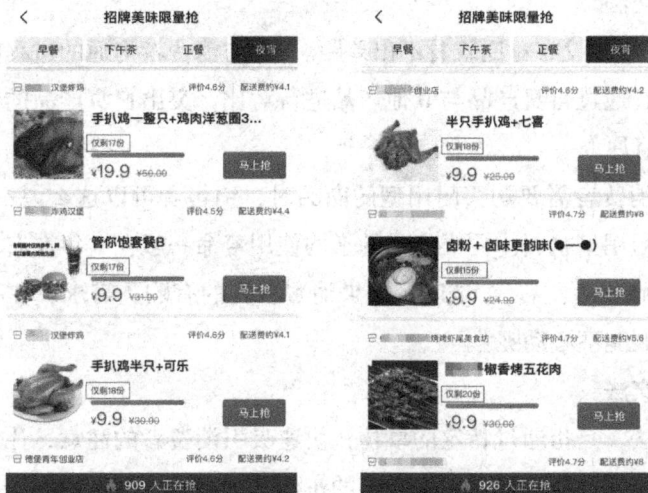

图8-4　"招牌美味限量抢"栏目的相关界面

6. 从众成交法

许多消费者心中都有这样的想法：如果大家都买，那么这个东西应该差不了；反之，如果没有一个人买，那这个东西最好还是不要买。这就是典型的从众心理。销售者在与消费者沟通的过程中，可以利用从众心理，引导消费者主动进行购买。

比如，当消费者拿着某件商品看了又看，却还未下定决心购买时，销售者可以对该消费者说："您眼光真好，您手上这件商品是我店的热销产品，平均每天能卖出100件，而且大家对它的评价都很高。"

这种说法的高明之处就在于，一方面可以告知商品的热销程度，另一方面也可以在消费者心目中树立口碑。而无论是高销量还是良好的口碑，都能借助从众心理刺激消费者购物。

7. 错失成交法

错失成交法，是指在与消费者沟通的过程中，通过一定的话术，让消费者觉得再不下手可能就要错失这件商品了。而消费者大多都有怕买不到的心理，在听到销售者这么说之后，往往会抓紧时间进行购买。

比如，当消费者对某件商品表示出明显的兴趣时，销售者可以对消费者说："您手上这件商品卖得很好，这已经是本店的最后一件了，如果您要买的话，可能得抓紧时间了。"在听到销售者这么说之后，大部分消费者可能会抱着"宁可买错，也不能错过"的心理，马上就下定购买的决心。

8. 对比成交法

俗话说得好："没有对比就看不出差距。"在与消费者沟通的过程中，销售者可以利用这一点，通过自身产品与其他产品进行对比，突出自身产品的优势，来增强消费者的购买意愿。

比如，当消费者需要购买耐用型的商品时，销售者可以这么说："咱们这种产品采用的都是耐用型材料。同类产品的平均使用寿命一般在 3 年左右，而我们这种商品则可以达到 5 年左右。"试问，如果消费者真的有购买需求，在听到销售者这么说之后，怎么能不心动呢？

9. 吸睛成交法

吸睛成交法，是指通过特定的事物，快速吸引消费者的注意，让消费者忍不住进店，从而提高店铺的销量。用来吸睛的东西有很多，大力度的促销、独特的店铺装修等都可以达到吸睛的目的。

比如，宠物店可以将可爱的小动物放在橱窗前，让消费者可以直接看到。当消费者看到可爱的小动物时，可能会觉得这些小动物实在太可爱了，即便没有买小动物的打算，也可能会进店来看一下。而消费者进店之后，销售者就可以通过高超的话术引导消费者购物了。

10. 讲故事成交法

讲故事成交法，是指通过向消费者讲述与商品相关的故事，让消费者在觉得有趣之余，提高对该商品的兴趣。讲故事成交法主要有两个优势：一是可以加强消费者的代入感；二是可以通过故事给商品赋予一些特定的意义，提高商品在消费者心中的附加值。

比如，百岁山在强调自己的水是"水中贵族"时，讲述了一系列贵族恋爱的故事，并用百岁山作为承载和见证男女主角感情的物体，从而让消费者觉得这种水就是贵族喝的。图 8-5 所示为百岁山故事类广告的相关截图。

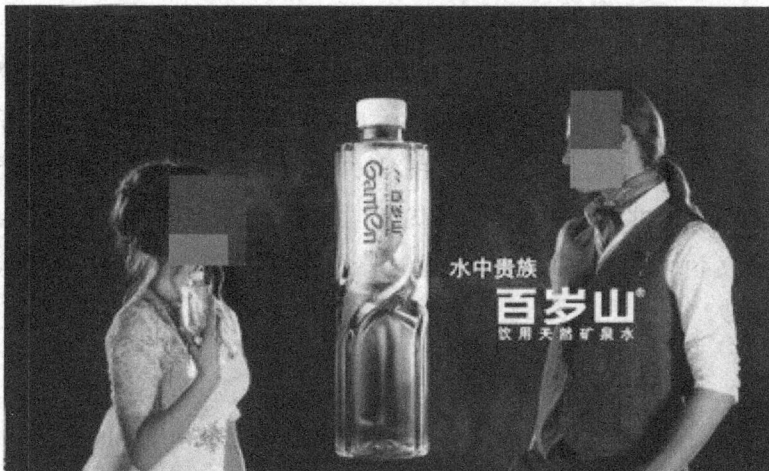

图 8-5　百岁山故事类广告的相关截图

8.6.3　注意事项和原则

在促进成交的过程中，如果销售者想提高成功率，还需要特别注意 3 点，具体如下：

1. 主动出击

有句话说得好："机不可失，时不再来。"对于销售者来说，要想促成交易，最重要的就是把握时机。消费者不会给你创造机会，要想促成交易，销售者还得主动出击。

比如，当消费者进店之后，销售者要主动和消费者打招呼，并寻找机会与消费者进行沟通。只有这样，销售者才能知道消费者的需求，从而根据其需求主动为消费者进行推荐。

2. 洞察需求

促成成交的根本就在于销售者知道消费者要的是什么，并能够根据消费者的需求做出一些推荐，让消费者看到合适的商品。这就要求销售者在与消费者沟通的过程中多一分洞察力。

一般来说，在与销售者沟通的过程中，消费者会透露出各种各样的信息。销售者需要通过分析，找出消费者的真实需求。只有这样，接下来的沟通和推销才能变得有的放矢。

3. 见好就收

销售者要善于察言观色，通过消费者的言行判断其真实的想法。当消费者表现出不悦时，一定要见好就收，而不能因为一时的得意而破坏了消费者的心情。

比如，当消费者准备付钱购买某件商品并表示没有其他的需求时，如果销售者还一直对消费者说再买一件商品会有优惠，此时，消费者心中可能会产生反感情绪。一些脾气不太好的消费者，甚至连本来准备要买的商品也不买了，这就有些得不偿失了。

实体店新零售之复购篇

——

第9章

◇ 微信最强的功能就是客户管理
◇ 如何提高社群成员的参与感
◇ 顾客付钱后你的动作决定他是否再来
◇ 这样做唤醒沉睡的客户
◇ 除了办卡还能怎样锁住顾客
◇ 将潜在顾客转化为忠实粉丝

9.1

微信最强的功能就是客户管理

微信是一个非常好的客户管理工具。我们的亲戚朋友都是我们的微信好友，而且随着时间的推移，微信好友的数量会变得越来越多。零售业从业者就是要利用微信将陌生人变成朋友，将弱关系变成强关系。

当然，在将消费者添加为微信好友之后，运营者还需要用心进行管理，收集消费者的数据，建立与消费者之间的信任关系。只有这样，才能让未来的销售活动产生应有的效果。

9.1.1 利用微信管理客户

零售企业和店铺基本上都了解微信在管理客户方面的重要性，也都在充分利用微信进行客户管理。但是，要想利用微信管理好客户，还需要重点做好 5 个方面的工作，具体如下。

1. 给客户打上标签

每个顾客的具体情况都不同，运营者在添加客户微信时，可以通过打标签的方式对客户进行定义，这样既可以给客户的主要特点打上标签，也方便运营者快速查找特定客户。

2. 做好客户的分类

不同客户的属性不同，运营者的营销行为应根据客户的属性来进行。对此，运营者可以通过客户分类，为不同类别的客户制定不同的营销策略。但是，运营者在用微信添加好友时，系统并不会提示运营者对微信好友进行分类，因此，运营者还需主动对添加的微信好友进行分类。

运营者可以在微信好友原有名称的基础上加上一些具体的词汇。比如，可以根据微信好友的来源渠道，在微信好友名称前面加上"门店"或"网店"，进行分类和区分。

3. 有差别地对待客户

有差别地对待客户，是指根据特定客户的属性，有针对性地进行营销，让营销活动更对客户的口味，从而让消费者在感兴趣之余主动进店消费，充分挖掘现有客户的价值。

比如，对于没有到过店的客户，运营者可以通过"到店有礼"等活动，把消费者吸引到店铺中来；而对于在店铺中进行过消费的客户，运营者则可以通过定制产品和服务，让消费者继续来店购物。

4. 注意沟通的主次

微信沟通的主次把握主要可以分为两个方面，一是对客户进行分类，区分主要的核心客户和一般的普通客户；二是对沟通的内容进行分类，将主要的、重要的内容先告知客户。

在零售行业中，1 个核心客户的价值可能比 100 个普通客户还要高，所以，对于零售企业和店铺来说，管理好核心客户才是运营的关键。只有深挖核心客户的价值，才能实现营销目标。

而在沟通方面，运营者可以提炼出营销的主要内容，并先将内容告诉核心客户，再告诉普通客户。在告知的方式上，也应有所区别。对于核心客户，可以一对一告知；而对于普通客户，只需群发即可。

5. 优化互动的方法

在添加微信好友之后，与客户进行沟通和互动才是客户运营的关键。通过沟通互动，可以增加客户对于运营者和店铺的好感。当然，要想达到这种效果，还得对互动的方法进行优化。

大部分运营者在添加客户的微信之后，为了更好地进行管理，可能会选择建立特定的微信群，将客户都拉进群里。因此，微信群的互动可以说是非常关键的。那么怎样做好微信群互动呢？运营者需要做好如下 3 个方面的工作：

（1）保持持续输出，让客户看到这个微信群的价值，否则，客户可能会觉得微信群的意义不大，进而选择退出微信群；

（2）不要直接进行广告轰炸，因为这样的行为不仅难以达到促销的目的，还有可能让客户反感；

（3）学会分享，除了分享店铺的相关信息之外，还可以分享其他客户关心的信息，这样可以很好地提高微信群成员的留存率，更好地培养核心客户。

除了微信之外，朋友圈也是微信中的重要宣传阵地。在朋友圈互动的过程中，需要遵循如下两个原则。

（1）不要进行广告刷屏。大部分人对于广告本来就比较排斥，而广告刷屏必然会更惹人厌烦。当然，也不是不能打广告，但是需要控制数量。一天之内最好不要发送超过两条广告信息。

（2）让消费者看着舒服。朋友圈的美观对于互动的效果至关重要，那些美观的、看着舒服的朋友圈信息，往往会让更多的客户参与进来。

图9-1所示为某服装零售商的朋友圈界面，从中不难看出，其每天都在朋友圈发送多条营销广告。这种做法一天两天可能还好，时间一长，大多数客户看到其老是打广告，基本上都会选择直接删除好友或者屏蔽其朋友圈内容。

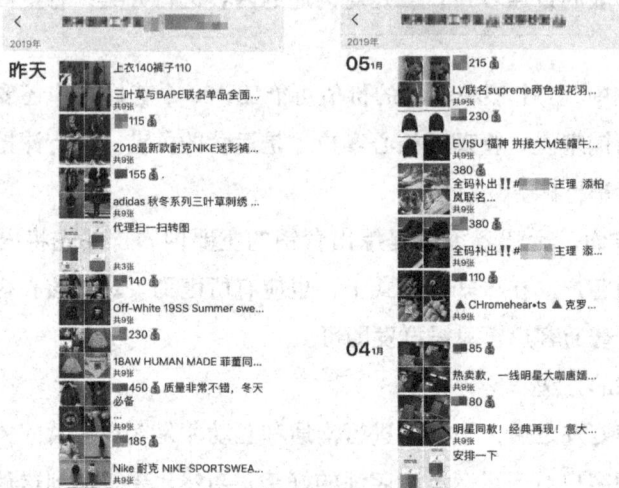

图 9-1　某服装零售商的朋友圈界面

9.1.2　操作原则和注意事项

通过微信或者社群进行有效的客户管理确实简单可行，但是需要商家多花心思。在新零售时代我们更需要从产品思维过渡到客户思维，通过经营客户带来长久稳健的收益。关于如何更好地经营客户，还有如下几点操作原则和注意事项。

1.尽心提高客户的黏性

零售企业和店铺需要长期经营，因此，要的不是一锤子买卖，而是吸引客户长期消费。而要想吸引客户长期消费，零售企业和店铺还需要尽心提高客户的黏性，让客户信任你，从而在你的店铺长期消费。

提高客户黏性的方法有很多，其中比较常见的有通过不定期的福利推送，让消费者舍不得离开。比如，可以在微信群中推送一些店铺活动，让客户能够更快地获知活动消息，得到实惠。除此之外，还可以对客户进行分级，让等级越高的客户享受更多的优惠。这样一来，客户尝到的甜头越来越多，自然也就舍不得离开了。

2. 努力把客户找回来

基本上每个零售企业和店铺都存在客户流失的情况。之所以会如此，通常有以下 3 种原因。

（1）得罪了客户。在客户购物的过程中，零售企业和店铺可能会直接或间接地得罪了客户。比如，员工态度不好、送错了货，或者产品有瑕疵等。当出现这些情况时，会很容易流失客户。

（2）客户出现了一些问题，无法再进店消费了。比如，客户搬到很远的地方去了，可能再次进店就不太方便了。

（3）客户的购物习惯出现了变化，不再需要你的产品。比如，之前客户因为工作原因经常要加班，所以需要通过喝咖啡来提神；但是其最近换了工作，每天休息得很好，也就不需要再买咖啡了。

以上 3 种原因中，虽然后面两种原因的客户相对来说比较难挽回，但是，对于因第一种原因而流失的客户，还是可以争取的。比如，可以先向客户表达歉意，让对方知道你对他（她）非常在意，并表示将对自己的不足进行改进。只要你有诚意，而且确实做好了，客户还是能够回来的。

3. 去除糟糕的客户

零售企业和店铺在运营过程中，时间和精力本身就是有限的，所以在客户的管理过程中还需要对客户进行分类。一些比较糟糕的，像黑粉的客户，不值得花精力去管理。

比如，有的客户喜欢找各种问题，还有的客户非常贪婪，总是想和你砍价，你在他们身上基本上赚不到钱。对于这些糟糕的客户，零售企业和店铺在运营的过程中，可以选择慢慢地放弃。

9.2

如何提高社群成员的参与感

社群对于零售业发展的重要性不言而喻，但是，许多零售企业和店铺创建的社群活跃度低、社群营销的效果十分有限。之所以会如此，很可能是因为你的社群中客户的参与度不强。

社群运营者要想提高客户在社群中的参与度，需要先了解客户的需求，明白客户喜欢什么样的社群状态，并针对客户的期望进行社群运营。当然，如果一个一个地去询问进入社群的客户，可能比较麻烦，此时，社群运营者可以设计一个调查问卷，当客户进入社群之后将其发给客户就可以了。

同样是社群，有的社群永远有聊不完的话题，而有的社群则是抛出话题之后半天也得不到回应。社群运营者需要做的就是使出浑身解数，调动社群中客户的积极性，让客户参与进来。

9.2.1　在各阶段中提高参与感

在社群运营的不同阶段，运营者面临的情况不尽相同。社群运营者可以根据实际情况，分阶段提高社群中客户的参与感，具体如下。

1.社群创建的初期

社群创建初期，运营者首先需要聚集一些核心客户，数量最好要超过 50 人。因为当人数比较多时，社群中客户的交流欲望会更强，否则，社群很可能会变成社群运营者的自嗨群。

为了更好地对社群进行管理，社群运营者有必要做好社群的定位，制定社群的群规。既要让社群中的客户明确知道该做些什么，也要知道在社群中必须遵守的规则。

在社群创建初期，运营者可以通过一些有效的举措，提高社群中客户的参与度。比如，可以在社群中安排一些"托儿"，当运营者抛出话题之后，通过"托儿"的互动，提高整个社群的活跃度。而社群中的客户在看到社群中聊得火热时，也会更有兴趣参与进来。

又如，可以在社群的客户中培养一些社群管理者，让客户自行管理社群。在实行过程中，社群运营者可以组织社群中的客户自行选择副群主、值班群主等社群管理层，让社群成员更多地参与进来。

2.社群创建的中后期

社群创建的中后期，社群成员的数量可能已经比较多了，而且话题也会比较多。此时，社群运营者无需再去刻意引导，只需对话题进行管理并对相关内容进行整理即可。

当然，在此过程中，社群运营者如果要进行营销，还需要对营销活动进行筛选，让营销活动通过社群成员更感兴趣的方式进行，从而更好地调动社群成员的参与积极性。

9.2.2　提高参与感的具体方法

在社群运营过程中，有一些提高客户参与度的方法可供借鉴，具体如下：

1. 多互动是关键

社群运营者主动与社群中的客户进行互动，是提高社群成员参与度的重要方法。随着互动的增多，社群运营者与社群中客户的关系将变得更加密切。而随着彼此间关系由弱变强，社群中客户的参与热情会不断增强，社群营销的效果会变得越来越好，而品牌形象也能更好地在社群中树立起来。

2. 打造社群习惯

习惯都是养成的，在社群运营的过程中，社群运营者不妨设计和培养一些社群习惯，让所有社群成员都参与进来。比如，定期发布一些社群任务，完成任务的社群成员可以获得一定的奖励，这样一来，社群成员便会养成参与这些活动的习惯，社群成员的参与度自然也就提高了。

3. 主持人轮换制

通常来说，社群运营者要想运营好一个社群，需要经常在社群中组织一些活动，而每个活动都是需要组织者和主持人的。社群运营者完全可以通过主持人轮换制，让社群成员更多地参与到活动中来。

这样做的好处有两个，一是给了每个社群成员更多的表现机会，让社群成员可以更好地参与活动；二是当社群成员需要担任活动主持人时，必然会尽可能地了解清楚活动内容，这样就可以增强社群成员对活动的重视度。

4. 设计活动和话题

社群中的活动不应该只考虑某一部分人，而应该尽可能让所有社群成员都能够参与进来，所以对于社群中的活动和话题需要进行设计，让活动以社群成员感兴趣的方式进行，提高社群成员的整体参与度。

5. 多组织线下活动

相对于线上的活动，线下活动的优势就在于社群成员都是面对面的，而且在线上活动做得比较多的情况下，偶尔组织一下线下活动，也会让社群成员觉得比较新鲜。因此，在组织活动的过程中，社群运营者可以考虑多组织一些线下的活动。

比如，社群运营者可以组织社群成员参与店铺的生产和销售过程，这既是运营者对自身经营情况的自信，也可以让社群成员更好地体验店铺的运营情况，对于店铺多一分信任感。

9.3
顾客付钱后你的动作决定他是否再来

9.3.1 顾客表情指数

在名创优品创立之初，其创始人叶国富就提出了"顾客表情指数"的概念，他认为："商业成败的核心，就是从收银台到门口这 5 步距离中消费者脸上的表情，顾客挑选商品时伸手的那一刻，就决定了一个企业的生死。"

叶国富说："我经常在店外观察，观察顾客从收银台结完账的表情。如果他脸上很高兴，露出了发自内心的笑容，这就说明顾客对这次购物很满意，他以后很有可能还会再来，你的销售就做得不错。但反之，如果他脸上的笑容有点勉强，或者有些犹豫，这就说明他对这次购物不是很满意，心里可能已经有点后悔了，这就是个危险的信号，同样，如果面无表情或闷闷不乐，那么一定有某个环节出了差错。"

从顾客的表情出发，了解顾客的真实想法，就是名创优品顾客至上原则的体现。其实，与其学习高深的运营理论，洞察顾客的真实想法更切实际，往往也能取得更直观的效果。

9.3.2 顾客满意度

当然，名创优品的这一做法也不能说是独创，早在20世纪80年代，就有了"顾客满意度"的说法，而名创优品的顾客表情指数与顾客满意度其实有着异曲同工之妙。

顾客满意度是指顾客对其明示的、隐含的，或必须履行的需求或期望已被满足的程度的感受。满意度是顾客对零售企业和店铺中产品或服务的一种评价和反馈。通过顾客满意度零售企业和店铺运营者可以对自身的运营工作有一个大体上的判断，知道自己哪里做得好，哪里有待加强。

零售企业和店铺运营者需要明白，顾客是一个变量，因为不同顾客对同一件事的看法不尽相同，所以有时候一个顾客满意的东西，另一个顾客可能未必会满意。而零售企业和店铺需要做的就是对不同顾客的满意因素进行了解，尽可能地让顾客满意程度达到 100%。

顾客满意度是一种基于自我体验的心理状态，要想对顾客满意度进行评价，就需要对这种心理状态进行判断。一般来说，满意程度大致可以分为 7 个等级，即很不满意、不满意、不太满意、一般、较满意、满意和很满意。对于顾客满意度的调研，是许多零售企业和店铺自我调整、在竞争中获取优势的重要手段。

"神秘顾客研究"是调查顾客满意度的一种常见做法，由对调查行业有深入研究的调查者，以顾客的身份体验零售企业的产品和服务，并将自己的感受和评价用报告的形式进行反馈。

这种调查方式有两个优势：一方面，因为调查员有专业的素养，所以在调查过程中会更加专业和全面；另一方面，因为调查员是以顾客的身份进行调查的，所以其体验通常比较真实，而评价的结果也会更为客观。

9.3.3 提升顾客满意度的方法

如何向客户有效地传达信息？如何提供超过顾客预期的产品和服务？如何获得顾客的满意，留住客户？你需要掌握一些提升顾客满意度的方法，具体如下：

1. 像对待客人一样对待顾客

当客人来家里做客时，我们会即时进行问候，然后进行友好的交流。这是一件再正常不过的事。但是，如果在与顾客的沟通过程中，也能将顾客当成客人来对待，那么顾客的满意度便会大幅提高。

比如，当一个顾客等待了几十秒之后，他（她）可能会感觉等了好几分钟。而如果销售者能够即时进行友好的问候，避免顾客不必要的等待，让顾客放松下来，接下来的工作便会顺利得多。

2. 真诚地赞扬你的客户

真诚的赞扬是销售过程中非常有效的一种沟通策略。销售者只需花几秒时间对顾客略作称赞，顾客可能就会心情大悦。而一旦客户心情好了，接下来的沟通就会变得容易了，顾客的满意度也会相应地提高。

3. 用名字或姓氏称呼

用客户的名字或姓氏直接称呼他们，可以让客户感到亲切，快速拉近与客户之间的距离。一般来说，销售者可以先向顾客做一个简单的自我介绍，然后询问客户："您贵姓？"在得知顾客的姓氏之后，只需用其姓氏称呼其"×先生"或"×小姐"即可。

4. 多用眼神与顾客交流

有时候销售者与其喋喋不休地说个不停，还不如选择重点进行说明，并不时用眼神与顾客进行一些交流，有时候销售者因时间所限无法为顾客讲得太多，此时眼神交流就显得尤为重要了。

当然，眼神交流也需要把握好一个度。通常来说，10秒左右进行一次眼神交流就可以了。比如，当销售者需要同时接待两个顾客时，可以在10秒之内给没有再进行语言沟通的顾客一个眼神。

5. 多说"请"和"谢谢"

多说"请"和"谢谢"这些敬语，看似已经是老掉牙的东西了，但是，不可否认，它们确实是起作用的。顾客进店消费时也希望能受到销售者的尊重，而这些敬语在顾客看来就是对他（她）的尊重。

6. 多倾听和询问顾客意见

顾客都希望自己能够受到销售者的重视，而销售者如果能够多倾听和询问顾客的意见，就可以让顾客明显地感受到被重视。因为这样在顾客看来，销售者或多或少地参考了他（她）的意见，而不是自顾自地推销。

比如，在与消费者沟通的过程中，消费者在表达时，销售者可以用心倾听，将重点记下来。销售者在进行商品推荐的过程中，可以适时询问顾客"您觉得这个商品怎么样呢？""您更中意哪一件商品呢？"，目的就是让顾客知道你是时刻关心他（她）的意见的。

7. 多给顾客一些笑脸

对于服务性行业来说，微笑服务，可以说是基本的职业素质之一，在零售业也是如此。"没有面带微笑，就不能说有完整的工作着装。"微笑也应该是销售者的必备"装备"之一。如果不能微笑服务，就相当于你的着装没有整理好。

8. 接受顾客的多样性

在日常工作中，销售者接触的顾客大都性格比较好，沟通起来比较愉快，但也会有一些难沟通的。而作为服务者的销售者，要接受顾客的多样性。无论面对怎样的顾客，都应该尽自己的全力，服务好顾客。只有这样才有可能创造更好的沟通氛围，提高顾客的满意度。

当然，有时候顾客的不友好可能会影响销售者的情绪，但是销售者一定要调整情绪，善待顾客，向他们传达友好。这就需要销售者在日常生活中加强沟通能力和情绪处理能力，将沟通中的消极和负面情绪快速转变为积极和正面情绪。

除此之外，在顾客面前也要尽可能避免评价其他顾客，即便要评价，也应该给予正面的评价。因为如果你对其他顾客进行了负面评价，即便你是微笑着的，你眼前的顾客心中可能也会不太愉快。因为他（她）会觉得：你在我的面前这样说其他人，那在其他人面前是不是也会这样说我呢？

9.4
这样做唤醒沉睡的客户

粉丝是社群成员的重要组成部分，通过将粉丝聚合成群，可以为具有相同兴趣爱好的人群建立感情连接，从而更好地在社群中形成连带效应。而让客户加入到具有连带效应的社群中，则是唤醒沉睡客户的有效手段之一。

9.4.1　小米的品牌型社区

品牌社群营销是以品牌为中心建立的，由对品牌产生认同感的群体建立社群，并在社群中提供价值服务，从而在提高社群成员忠诚度的同时，引导社群成员宣传品牌，影响更多的人。

"小米社区"就是一个典型的品牌型社群，它通过为米粉们提供一个沟通和互动的平台，让小米的粉丝快速聚集起来。图 9-2 所示为小米社区的相关界面。

小米社区之所以能够获得成功，主要是因为它在 3 个方面做得非常好，具体如下：

1. 将产品作为社群构建的基础

对产品价值的说明和宣传一直以来就是小米的重点，小米社区推出之后，客户们之所以会加入社群，主要就是因为小米作为民族品牌，高性能、高品质深入人心，满足了人们对手机等产品的需求。

2. 构建企业与用户的联系

小米社区实际上就是搭建企业与客户之间的联系，让客户成为企业社区的一员，从而达到沉淀粉丝的作用。小米对社交媒体的运用非常充分，无论是微博、微信，还是 QQ 空间、米聊、社区，都可以看到小米为客户搭建的沟通平台。

图 9-2 小米社区的相关界面

比如，在新浪微博的话题界面中搜索小米，便可以看到各种与小米相关的话题，而且参与的人非常多，如图 9-3 所示。这就说明，小米通过新浪微博搭建的沟通平台，获得了不错的营销效果。

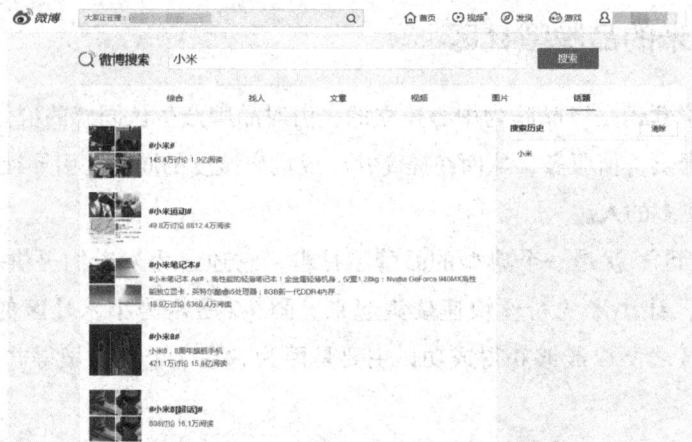

图 9-3 新浪微博中关于小米的话题

3. 依托社区进行沟通和互动

在成功打造自己的社区之后，小米还借助社区与客户进行了大量的沟通和互动。不仅让客户参与产品的研发和测试，提高了客户的参与感和体验度，还推出了专属于小米的节日——"米粉节"。图 9-4 所示为 2018 年第 8 届米粉节的宣传海报。

图 9-4　2018 年第 8 届米粉节的宣传海报

9.4.2　社群经济的几大必备属性

2017 年 11 月 28 日，网易严选与多个品牌一起，共同成立了"发现生活小组"，它通过社群融合深挖社群背后的经济，成功打造出一条新的零售出路。发现生活小组之所以可以获得成功，主要是因为其具有社群经济必备的 4 个属性，具体如下：

1. 个性化和分众化

一般情况下，社群成员因为共同的兴趣爱好而聚集在一起。发现生活小组根据客户的不同爱好和个性，为客户提供宠物小组、餐厨小组和家庭改造小组等社群。客户只需根据自身需求加入即可。

比如，餐厨小组社群中的成员对于饮食是非常讲究的。他们追求的是高品质的饮食，蒸米饭要用日本电饭煲，吃中餐要配青花瓷餐具。对于饮食同样讲究的人群来说，在这里能够很快地找到具有共同话题的人。

2. 社群的去中心化

有一些社群具有明显的中心，这种粉丝经济的劣势在于往往只有中心才有号召力，其他人出来可能不怎么有号召力，因为社群成员可能不认识你，对你也不会太感兴趣。

而发现生活小组则采取品牌面向社群的去中心化营销。它不是有什么就给社群什么，而是先了解社群需要什么，再进行订制。这样做不仅使提供的内容让社群成员更感兴趣，而且也能降低营销的风险。

比如，发现生活小组通过"14 天改造家"活动，让粉丝和设计师一起参与房间的设计及改造，用户可以用 1 元秒杀入驻权，这便是一次很好的去中心化社群营销。图 9-5 所示为"14 天改造家"活动的宣传海报。

图 9-5 "14 天改造家"活动的宣传海报

3. 尊重"消费自信"

基于兴趣聚合而成的社群，实际上是追求自我表达的产物，这些聚合起来的人群通常具有比较强烈的"消费自信"。他们对消费有着自己的判断，不会盲目地信任品牌广告。

过去人们在购物时可能比较极端，有的人节衣缩食，能不买就不买；有的人认为一分钱一分货，要买就买贵的。而现在人们在消费方面变得日益理性，他们会根据自己的需求，购物时更多地关注商品的内在价值。

艾瑞统计数据显示，和 5 年前相比，20% 以上的消费者在购物时更注重实用性，消费整体趋于理性。这也是发现生活小组成功的重要原因。因为大牌间的合作，在同等品质下，发现生活小组的商品价格通常会更低。

4. 社群成员的互惠互利

在社群中，资源的丰富程度和分享资源的人数通常是成正比的。分享资源的人数越多，分享的资源总量越多，社群的资源就越丰富，而社群成员能够享受的社群资源也就越多。

因此，社群成员之间是互惠互利的关系，你提供的资源别人能享受，别人提供的资源你也可以享受，这样就可以促进社群成间的彼此分享。而社群成员间观点的交换，则更容易形成口碑效应。

艾瑞的统计数据显示，70% 以上的消费者认为，口碑推荐比广告更让人信服，他们在购物时通常会查看他人的评价，而让消费者产生在某个店铺购物想法的主要因素来自朋友的推荐。因为朋友觉得不错，向他（她）推荐了，他（她）在有需求时便准备买来试试看。

聚集在一起的社群成员，最适合具有典型特征的个性化产品。社群融合，天然匹配分众化、理性化、个性化的新消费时代。而网易严选的发现生活小组，是社群融合的一次典型尝试。

相对于品牌与粉丝的互动，以社群维系的社群运营者和社群成员的沟通频率通常要高一些，也更容易建立亲密的关系。但是，品牌与粉丝的互动和社群运营者与社群成员的沟通本质其实是相同的。社群成员因为共同爱好而聚集在一起并进行互动，粉丝则是因为对品牌的崇拜，与品牌建立沟通。

9.4.3　社群经济的几个注意事项

社群营销在如今被很多人认可和践行，由于它营销成本低，效果好，广受各品牌企业和实体店经营者的青睐。要运用社群营销必须首先明白如下 4 点：

（1）以人为本，所有项目要考虑商业价值，从公关理论来讲，更应该注重利益相关者，即关系中的对象。

（2）社群要产生连接，先界定清晰的目标，然后进行连接的规划。

（3）进行阵地的构建，这就涉及刚刚提到的工具了，如果没有考虑清楚前两步，直接构建微信或贴吧群，那其实是过早了。

（4）要有持续内容的运营。

通过社群运营唤醒沉睡的客户是一个系统的工程。建立社群不是目的，而是因为用户变了，我们需要更贴合他们的方式和他们交互，所以从某种程度上来说，社群又可以算得上是现代企业和品牌的标配。

具备社群营销的能力也是每一个企业必须要面对的课题，综上所述，对于社群营销可以总结出以下几个步骤：

（1）社群营销是从定位、需求分析和用户画像开始的。

（2）内容、活动和增值服务是其核心。要考虑如何去分析需求，从哪些维度着手，这其中包括企业和用户的需求分析。之后要增强企业品牌的整体影响力，建立用户对品牌的认同感。

（3）将社群成员的关注转变为实际的购买活动，从而实现销售产品和吸引客户的目的。

（4）打造优质内容，并通过社交媒体进行传播。

（5）以品牌社群为样本，发掘产品的竞争力。为社群成员提供相关的后续服务，满足他们的售后服务和学习需求，增强成员的归属感。

9.5

除了办卡还能怎样锁住顾客

9.5.1 学会锁住你的顾客

不知你有没有思考过，为什么我们吃饭的时候总是上那几家饭店去吃饭呢？是不是当我们每次想吃饭的时候，就会不自觉地走进那几家？相信大家或多或少都有过类似的体验。

许多人在买衣服时，可能会想着自己要买哪个品牌的衣服，但是走着走着就去了以前经常光顾的店铺，并在这些店铺中完成了购买。而这些店铺的品牌很可能不是他们最初想到的品牌，甚至也不是他们最初想要的款式。

为什么会出现这种情况呢？这主要是因为这些品牌和店铺已经在这些消费者心中形成了消费路径依赖。当这些消费者购物时，便会不自觉地往这些店铺走去。零售企业和店铺需要做的就是让消费者形成消费路径依赖，让你的品牌和店铺成为消费者的首选。

让消费者对你的商品或门店产生消费路径依赖的实现途径就是锁客！拓客、成交、锁客是一个完整的交易体系。对于零售企业来说，拓客是基础，成交是关键，锁客则是未来。零售企业和店铺需要做的就是将消费者锁定在你的品牌和店铺中，只有这样才能源源不断地为你的企业和店铺持续贡献发展力。

比较常见的锁客方式主要有3种，即口碑锁客、会员锁客、互动锁客。

1. 口碑锁客

口碑是锁客的重要手段，当零售企业和店铺具有良好口碑时，顾客自然就会锁定你的品牌和店铺。口碑锁客通常不是一蹴而就，它需要一个过程，通过优质的产品和服务，潜移默化地影响顾客。只要顾客对你的产品和服务足够满意，自然就会将你的店铺作为首选。

一般情况下，口碑锁客都是自然而然发生的，它是零售企业和店铺长期积累获得的市场反应。当然，零售企业和店铺也可以对口碑进行管理，通过制造口碑事件，让自己的口碑快速传播。那么口碑锁客如何落地呢？零售企业和店铺需要把握一些关键点，具体如下：

（1）提供顾客喜欢的产品和服务，让顾客喜欢上你。

（2）不断为顾客制造超过预期的惊喜。比如，在没有提前说明的情况下，给顾客额外赠送一些小礼品等。

（3）为顾客提供独特的产品和服务，让顾客觉得既特别，又有些不可思议。比如，饮食店铺中，可以晒出明星大腕们进店消费时的照片。

（4）用心真诚地服务顾客，走进顾客心中，让顾客感动。比如，顾客生日当天如果来店购物，可以组织店铺中的员工共唱生日歌、送去祝福，以及赠送一定的生日礼物等。

2. 会员锁客

会员锁客是零售企业和店铺实行的一种高频锁客方式。通过给会员不同于一般客户的福利待遇，增加其进店消费的次数。比较常见的会员锁客方式包括预付款、会员折扣、会员积分兑换和会员特价等。

通常来说，门槛越高效果越好，门槛越低效果则越差。因为门槛较高时，顾客好不容易成为会员，会充分利用会员的身份进店消费。在推广上则相反，门槛越高，让顾客成为会员的难度就越大。因为门槛较高时，顾客需要付出的代价越大。（比如，预付100元成为会员，顾客可能毫不犹豫地就付款了，但是如果要预付1 000元才能成为会员，顾客可能就会有些犹豫了。）

3. 互动锁客

无论是社群营销还是粉丝经济，其本质都是通过和顾客互动，将顾客锁定在零售企业和店铺。这就是本书讲的如何做社群营销、粉丝营销，也是在市场上最被认可的方法，它提供的是持续的价值。

社群营销和粉丝经济，最直接有效的方式就是通过与顾客互动，增加顾客的参与感。只要顾客经常参与互动，就等于锁定零售企业和店铺了。一般来说，互动锁客有两种方法，具体如下：

（1）和顾客成为朋友。相对于陌生人，大多数顾客对于自己的朋友通常要更为信任。而如果零售企业和店铺的销售者能够通过热情的服务，与顾客建立友好、亲密的关系，顾客便会逐渐地把销售者当成朋友，那么，只要这个朋友还在店铺中，顾客便会经常进店光顾，这就达到了锁客的目的。

（2）让顾客感受到自己的特殊。每个人本来都是特殊的，但是，在实际生活中，这种特殊性很容易被人忽视。销售者如果能让顾客感受到特殊对待，顾客便更愿意光临店铺。比如，顾客在获得VIP之后，可以享受到别的店铺都享受不到的服务，他（她）自然就会想多次来店铺。

总的来说，锁客就是提升顾客对零售企业和店铺的信赖，增加顾客对零售企业和店铺提供的产品和服务的黏性。其核心就在于让顾客对零售企业和店铺留下良好的印象，给顾客一个持续购物的理由。

9.5.2 预付款锁客模式

许多零售企业和店铺都会策划消费返值活动，即顾客消费了多少，就返还多少。比如顾客在店铺消费了 200 元，店铺就返还顾客 200 元。只是店铺并不会一次性返还，而是将这 200 元分成多次慢慢返还。

这样一来，随着返值次数的增加，顾客进店消费的次数也将增加。另外，一些店铺还规定，如果没有在规定时间内使用，这些返值便会自动归零，这就可以很好地把顾客"逼"到你的店里。

同时，因为这些返现都是消费赠送的福利，顾客无需为其再支付额外的费用。所以即便这种不用就归零的做法有一些逼迫购物的成分，但是，大多数顾客还是能够接受，并乐此不疲地进店消费。

这就是借助会员制度进行的一种锁客活动。对于通过预付款维持的会员制度，零售企业和店铺通常可以通过 3 种钱，提高顾客的进店率，让顾客锁定你的店铺，具体如下：

1. 利用充值的钱

预付款会员制会要求顾客先充值，零售企业可以在充值的钱上面增加一些吸引力，让顾客更愿意进行充值。

比如，充值 100 元，可以抵 110 元，这样，顾客就会觉得充值 100 元能赚 10 元。而且，以后自己也会来店购物，到时候反正是要用钱的。因此，顾客可能就觉得：既然这样，那我还不如现在多充一些，多些优惠。

2. 利用留下的钱

一般情况下，顾客不会直接将充值的钱全部用完。或者因为顾客没有零钱，给的钱比实际的多。此时，零售企业和店铺便可以不直接找钱，而是在留下的钱上做文章，为顾客下次购物做好铺垫。

比如，顾客买了 280 元的东西，给了 300 元。零售企业和店铺便可以制定一个规则，留下的这 20 元在下次购物时可以抵 30 元。对此，顾客很容易认同，一方面觉得自己赚了，另一方面零钱找来找去的也有些麻烦。但是对零售企业和店铺来说，无形之中等于让顾客"预约"了下次消费。

3. 利用返现的钱

一部分零售企业和店铺为了说服顾客把钱先存入会员卡，或者为了让顾客以后继续来店购物，会给出一些会员返现福利。比如，在充值金额上再赠送顾客一定的返现额，让顾客觉得自己赚了。前面我们说的消费返现就属于此类。

比如，笔者曾经去某店铺消费了 500 多元，收银员告诉笔者，在该店消费满500 元可以免费办理一张会员卡，而且会员卡里面还会返现 50 元。笔者觉得这样做自己反正也不会吃亏，于是就办了会员卡。

而办理了会员卡之后，再有类似需求时，首先想到的就是这家店铺，为什么呢？因为我的会员卡里面还有 50 元的返现可以用啊！使用这个返现的话，我在这个店铺购物便会划算得多。

看到没有？就是因为店铺的返现，直接让笔者将该店铺作为下次购物的首选。而且，通常情况下，顾客再次购物时，零售企业和店铺赚到的钱往往远超返现额，这样一来，零售企业和店铺不仅增加了销量，而且也慢慢地培养了一名忠实的顾客。

9.5.3　礼品锁客模式

赠送礼品也是锁住顾客的一种有效手段，因为顾客觉得额外获得的礼品让自己有一种赚了的感觉。通常来说，礼品锁客模式可以通过两种方法实行，具体如下：

1. 次数礼品

次数礼品，就是分多次将固定数量的礼品送出去，从而通过对礼品数量的控制，增加顾客的到店次数。

比如，当消费购物满 99 元时，顾客可以获赠 3 包抽纸。零售企业和店铺可以制定一个规则，在购物满 99 元的当天，先赠送一包抽纸。剩下来的两包在接下来的两次购物中分别赠送一包。这样一来，就相当于为顾客接下来的两次进店消费提供了一个很好的理由。

2. 月度礼品

月度礼品的逻辑和次数礼品基本相似，只是将按次数赠送变成了按月度赠送，把赠送的时间固定在每个月的固定时间，从而达到增加顾客到店次数的目的。

比如，同样是消费购物满 99 元赠送 3 包抽纸，零售企业和店铺可以制定一个规则，购物当天赠送 1 包抽纸，接下来两个月，每个月的第一个星期来店购物都可获赠 1 包抽纸。那么，顾客在接下来两个月的第一个星期便会想到此时去购物可以额外获得一包抽纸，从而主动进店消费。

9.5.4　机会锁客模式

机会锁客模式就是通过增加顾客获得福利的机会，让顾客增加进店消费的次数。一般来说，机会锁客模式主要分为两种，具体如下：

1. 累计送礼

累计送礼就是某一方面的数据达到某一数值之后，给顾客赠送礼品，增加顾客的满足感。比如，可以按照顾客的购物数额计算积分，当积分达到一定数额之后，可以让顾客兑换固定礼品或者优惠券等。

2. 活动有奖

活动有奖就是在店铺中举办一些活动，通过抽奖的方式，让进店消费的顾客有机会获得额外的奖励。比如，可以在店铺周年店庆期间举办抽奖活动，顾客消费满一定数额即可参与抽奖，这样一来，顾客为了试一下手气，在活动期间就会将你的店铺作为购物的首选。

9.6

将潜在顾客转化为忠实粉丝

9.6.1　用客单经济挖掘顾客价值

如果你是水果店老板，门店已经经营一段时间了，那么你应该做这样一番分析：店铺周边有多少住户？这些住户有多少在你这里买水果？这些住户在你店里的购物额是多少？

一般来说，如果顾客在你店铺中的购物额达到了其消费总额的 10% 以上，那么说明该顾客对你有足够的信任，对店铺的黏性比较强。通常情况下，随着顾客消费品质的提高，绝大多顾客经常光顾的是他（她）信任的店铺。

当然，便宜的价格也能增强对顾客的吸引力，但是，在很多顾客看来，便宜固然重要，信任却比便宜更重要，他们宁愿买得稍微贵一点，也要买自己信任的、放心的商品。

那么，怎样让顾客在你店铺中的购物额达到其消费总额的 10% 以上呢？产品质量和优质的服务自然是重要的切入点，除此之外，零售企业和店铺还可以将单价作为一个突破点。

比如，当你单纯卖水果时，顾客在你这里的购物额达不到消费总额的 10% 时，你可以在店铺中增加一些零食，这样一来，你卖的东西多了，便能满足顾客更多样化的需求，而随着商品品种的增多，要达到 10% 以上就会变得更容易了。

以前收益的算法为：收益 = 单品毛利 × 总销量。只要提高利润空间，或者增加销量便可以从整体上增加收益额。

而现在零售业更多的是采用"收益 = 商品 × 客户"这个公式。此时的收益则是参考商品和服务的品质以及店铺服务的顾客数量。这就是我们接下来要说的单客经济。

单客经济是指借助互联网，与顾客进行高频互动，让顾客成为店铺的忠实粉丝，从而提高复购率，最大限度地挖掘顾客的价值。通常来说，销售额可以用如下公式来计算：销售额 = 流量 × 转换率 × 客单价。而单客经济就是通过顾客的复购率，增加客单价，从而提高整体的销售额。

单客经济的重点就在于筛选顾客，选择其中真正具有价值的核心顾客，通过为这部分顾客提供优质的产品和服务，让顾客在不断进店消费的同时，基于店铺的产品和服务质量，向他人推荐店铺，免费帮店铺宣传。

9.6.2　孩子王的粉丝培养

传统母婴连锁店可能更多的是在社区、医院或者商业街区等对母婴用品需求量较大的区域开设一个百来平方米的小型店铺，而一个叫作孩子王的母婴品牌则与此不同，它的所有店铺都开设在一些大型购物中心，店铺的面积也会达到上千平方米，甚至是上万平方米。

孩子王这个品牌在许多人看来是非常神奇的，为什么呢？这个品牌在几乎没有打广告的情况下，会员数却突破了 1 000 万。而且现在该品牌的绝大部分商品和服务只面向会员。这可以说是一个由会员支撑起来的品牌，会员对品牌的贡献率达到了 98% 以上。

孩子王的增长模式与一般的零售企业和店铺不同，它并不是通过简单的规模增长增加品牌的覆盖面和影响力，而是找到具有精准需求的人群，为这部分人提供全方位的服务，从而让部分人变成品牌的会员，深挖其价值。

顾客的复购率与顾客的黏性是正相关的，而孩子王为了提高顾客的黏性，做出了一种新的尝试，那就是让员工与会员的关系变为顾问与客户的关系。通过具有专业素养的员工提高服务团队的整体素质。

目前孩子王的员工中，有超过 5 000 名拥有国家人力资源和社会保障部颁发的育婴师证书，而门店副总经理以上的职位，则需要拥有国家中级以上的育婴师证书。其中，南京的一家店中，80 多名员工中，持证的员工达到了 85% 以上，由此不难看出孩子王在育婴方面的专业性。

除了员工的专业性之外，互动也是孩子王提高顾客黏性、培养粉丝的重要手段。当顾客成为孩子王的会员之后，会被分到特定育婴顾问名下，从此以后，该育婴顾问将通过微信等社交工具，为顾客提供一对一的互动。而且，因为育婴顾问的收入与会员数量、顾客的消费额和活跃度等直接挂钩，所以育婴顾问们在与顾客沟通方面都是非常积极的。

一对一服务往往可以大幅提高顾客的信任度，而顾客的高信任度给品牌带来的价值是十分惊人的。这也是孩子王能够从众多的母婴品牌中脱颖而出的一个重要原因。

孩子王 CEO 徐伟宏说："一个高级育婴师的产值能比非育婴师员工高出接近 10 倍。顶尖育儿顾问一年创造的营收能达到 1 000 万元，普通非育婴师员工只有百万元左右。"

9.6.3　有赞的单客经济

2017 年，有赞 CMO 兼电商事业群总经理关予在一个新零售峰会上发表了主题演讲，她表示："伴随着消费升级，消费的节奏、结构都有了变化，现阶段的关键词是单客经济。"

同时，她也认为："消费升级带来的一件事是消费者要求更高，做生意变得越来越难了，线下零售门店的老板们越来越恐慌了，因为消费的节奏、结构有了变化。另外，出现了一个关键词——单客经济。"

关予举了一个例子。在有赞的微信公众号中会定期更新部分商家的运营经验。这其中便包括一个叫作"琪一果"的水果店。

这个店做的就是单客经济的尝试。我们都知道单客经济是基于难以获得更多流量，获客成本不断增加的逻辑。于是这个店铺一方面在寻找新的获客渠道，另一方面也注重让顾客的价值达到最大化。

这个店铺是怎么做的呢？在店铺中会进行免费试吃，而试吃的是海外采购的一种榴莲，品质非常有保障，所以试吃的潜在顾客都会觉得这个水果店中的水果质量很靠谱，而且试吃活动也让该店铺充分接触了周围的潜在顾客。

另外，该店铺还会借助社交网络积累原始客户。只要顾客在店铺中下单，便可以获得 10 张优惠券，顾客们可以将这些优惠券分享给自己的朋友们，获得社交立减金。除此之外，顾客还可以通过线上拼团、线下自提的方式，进店体验，降低实际支付金额。

这样做的结果就是线下门店单品销售为电商平台上销量的 3 倍，店铺也在短期内获得了大量忠实客户，开始了飞速发展。

实体店新零售之
裂变篇

——

第 10 章

◇ 以互动连接情感，以情感变现价值
◇ 线下活动提高老客户的忠诚度
◇ 培养种子用户，打开社群局面
◇ 你的顾客为什么不帮你发朋友圈
◇ "拼团"背后的底层营销逻辑
◇ 社会化分销让顾客成为"推销员"

10.1

以互动连接情感，以情感变现价值

对于实体店来说，想要低成本切入新零售，社群运营几乎是唯一的机会了。如今倡导大众创业，拿到投资的项目竞相造势，流量成本被越推越高，在这种情况下实体店想要获取线上、线下的流量变得越来越不易了。

作为降低获客成本和提高转化率的有效工具，社群越来越受到零售企业和店铺尤其是实体店铺的重视。其实，无论是线下实体店还是线上电商平台，消费者都是相对零散的。而通过社群能将消费者聚集起来，通过互动建立信任，连接感情，从而实现变现。

相对于其他宣传方式，社群的达到率通常要高得多。因为基于社群的感情连接，消费者已经与品牌产生了联系，对品牌有了一定的信任度，所以当你在社群中进行宣传时，比较容易得到社群成员的响应。

比如，在一个关于服装的社群中，大家讨论的都是与服装相关的话题，而你在这个社群中展示了许多好看的服装，并且晒出大量好评，那么，当社群中有人想要买服装时，自然而然就会想到你的店铺了。

10.1.1　社群运营的重点

社群不只是简单地将人聚集在一起，仅仅将信息推送到社群也不够，社群中的成员都是有感情的，只有通过互动连接情感，建立信任，才能发挥社群的价值。这就要求社群运营者多与社群成员进行双向互动，从而达到营销、变现的目标。

然而，因为社群中的元素比较多，许多社群都沦为了纯粹的闲聊平台。因此，社群运营者需要营造一个聊正事的环境，积极引导社群话题，让大家回归到正事上来。一般来说，社群运营者要重点做好 3 个方面的工作，具体如下：

1. 明确主题

每个社群都需要有一个明确的主题，就像是每篇文章都要有一个标题做指引一样。只有设定明确的主题，社群成员才知道在社群中应该说哪些内容。一般来说，在确定主题时，社群运营者只需结合店铺的运营重点和消费者的兴趣即可。比如销售母婴用品的店铺，可以将社群的主题设置为母婴主题。

2. 明确目标

目标就是一个指向标，只有在目标确定的情况下，社群成员才知道加入社群之后应该做什么，社群成员才会清楚地知道运营的方向，否则，社群很可能会变成一个混乱的、难以管理的平台。

相信许多人都有这样的体验：在进入社群之前，觉得社群高大上，充满了期待；可是进入社群之后才发现，这个社群像是没人似的，除了偶尔能看到一些链接之外，甚至都没有人沟通互动，不免让人失望。

零售企业和店铺在运营社群时，需要明确社群目标，并据此与社群成员建立连接。如果连作为社群管理者的社群运营者都不知道社群的目标，其他成员自然就更不会知道社群目标是什么了。

3. 禁止发无关信息

无关信息刷屏是大多数社群沦为垃圾群的一个重要因素。可以想象，当一个社群变成到处都是垃圾信息和各种乱七八糟的连接时，作为一个想要获得对自己有价值的社群成员，你能够在群里待多长时间呢？

因此，在运营社群的过程中，社群运营者一定要制定群规，禁止社群成员发无关的信息，保持社群环境的洁净，营造良好的社群氛围。只有这样，社群成员加入进来之后，才会愿意留下来。

10.1.2　社群营销的步骤

社群营销是需要一步步慢慢来的，不能一上来就直接进行推销，否则，不但不能将商品卖出去，还有可能把加入社群的潜在消费者给吓跑了。关于社群营销的步骤，可以参照一位做高端耳机的老板的方法。具体如下：

1. 组建社群

这位老板通过搜索添加了许多耳机发烧友的 QQ 群，每天尽可能地在群里和他人进行沟通。几天后，他在 QQ 群上说自己手上有一些充电宝，进群这么长时间了，想作为福利把这些充电宝送给群里的人。大家加他的 QQ，他会按照一定的顺序抽奖，免费赠送充电宝。

因为有免费赠送充电宝这个诱饵，所以许多人都加了他的 QQ，而这位老板也按照规则赠送了充电宝。这一行为让 QQ 群中的成员对这位老板好感倍增，而这位老板也因此取得了许多人的信任。

于是，这位老板趁热打铁，把 QQ 好友都导入微信，组建了一个微信群，并将这些人都拉进群里，告诉大家他是做高端耳机的，希望各位耳机发烧友给他一些建议。果然，这些人都很给力，给了他一堆建议。

2. 互动营销

因为社群中的成员都知道这位老板是做什么的，而且也通过提建议的方法和这位老板进行了沟通互动，所以，这位老板和社群成员之间就慢慢地熟悉起来。

接下来这位老板就对社群中的成员说："根据大家的建议，我们公司开发了一款耳机，但是因为成本比较高，所以只生产 10 副。这款耳机我们的定价是 × 千元，现在免费送给大家体验。但是，必须是在圈里有一定影响力的人，符合条件的可以联系我免费体验。"

在社群成员领取耳机时，这位老板就说："您能帮我在您的圈子里宣传一下吗？"相信许多人在听到这个请求之后都会答应。毕竟这么高端的产品，足以拿来炫耀一番了。

而这些人在收到耳机之后，发现这款耳机非常不错，甚至比得上市面上上万元的耳机。因为这些人都是圈里的名人，所以经过他们的宣传之后，该耳机在圈子里马上就打响了名声。

3. 反馈调整

就当大家都觉得这款耳机已经很不错了的情况下，这位老板却表示自己的这款耳机还有很大的进步空间，并且再次询问大家的建议，而那些体验过的人也给出了不少好的建议。

过了一段时间之后，这位老板根据反馈进行了产品的升级优化，并在此基础上推出了一批新的产品，再次进行免费体验活动。该活动迎来了一轮疯抢，产品的知名度进一步提高。

在体验过后，该老板又推出了一批新产品，并表示，将再次赠送 20 副耳机。同时表示如果大家想购买，可以享受 5 折优惠。因为这些耳机发烧友对于耳机比较热衷，而且这款耳机的风评很好，所以这款耳机很快就迎来了一波抢购狂潮，而且还借此培养了一大批核心顾客。

通过这个案例可以发现，随着人们消费观念和营销方式的转变，互动、信任、口碑和裂变等在销售过程中开始发挥越来越大的作用。如果社群运营者能够与社群成员积极互动，建立信任，通过口碑的营造和社群裂变，就可以快速变现，获得意想不到的效果。

10.1.3　社群裂变的技巧

要做好社群裂变，首先得想清楚两个问题：你做社群的目的是什么？你想把哪些人拉进社群？社群裂变需要一群有着共同兴趣爱好的人朝着同一个目标去努力。那么社群裂变要怎样设计呢？社群运营者可以从如下 3 个方面进行设计：

1. 爆点设计

社群是社群运营者向潜在顾客提供服务的一个平台，要想让顾客买你的东西，你需要提供给顾客需要的内容，设计一个足以吸引顾客购物的爆点。这是社群裂变的第一步，也是最重要的一步。只有做好这一点，顾客才会对你提供的产品和服务感兴趣，才会帮你宣传，引来社群裂变。

2. 海报设计

海报作为一种重要的宣传工具，能够快速将相关信息传达给潜在顾客。如果社群运营者能够精心设计海报，设计出让潜在顾客眼前一亮的创意海报，潜在顾客就会快速被吸引过来。基于海报的创意，大家可能会直接通过社交软件帮你宣传。

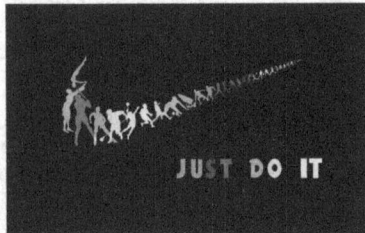

图 10-1　耐克的一张宣传海报

图 10-1 所示为耐克的一张宣传海报，在这张海报中，用各种运动项目图组成了一个耐克的 Logo。而耐克又是一个运动品牌，这就给人一种印象：任何运动都可以穿耐克。毫无疑问，这是一张非常有创意的海报，许多人都会觉得很有意思，便主动进行社交分享，这样一来就很好地达到了社群裂变的目的。

3. 文案设计

文案尤其是文案中的引导话术是有魔力的，它不仅能够为潜在顾客营造一个消费场景，还能起到引导分享的作用。如果能够找来意见领袖背书，还能很好地获取潜在顾客的信任，让顾客放心地进行消费。

一般来说，在进行文案设计时，应该尽可能说明顾客购买产品和服务之后可直接获得的好处，让顾客觉得你的产品和服务买得值。这不仅能引导顾客进行消费，而且，如果顾客用了之后觉得确实好，还会在微信朋友圈等平台主动帮你宣传，让你的产品和服务可以快速被更多人看到。

图 10-2 所示为某狗粮的一则文案，在这则文案中，通过对比突出了购买该狗

粮的好处。且不说该狗粮是否安全、营养、健康，仅仅为了避免狗狗在没有东西吃的时候把新沙发和裙子咬坏，顾客就很有可能决定买该狗粮了。

图 10-2　某狗粮的一则文案

社群裂变是社群运营发展中必须要走的一条路，一个社群要想获得持续的发展力，除了挖掘现有社群成员的价值之外，还需要吸纳更多新成员，加强社群的整体实力和影响力。

实战派社群专家高兴哥认为："社群裂变是社群扩张必不可少的环节，也是引流粉丝的低成本方法。设计社群裂变规则，需要从流程的各个环节进行考虑，这些环节包括裂变驱动力、裂变临界点、裂变的规则和裂变的留存。可以说，这些环节包括了裂变的起始、进行、引爆和后期维护。"

10.2

线下活动提高老客户的忠诚度

每个人都不应该成为一座孤岛，我们需要与他人在一起进行必要的互动交流，你的顾客也是如此。在互动交流的过程中，各种形式传递的信息量是有所不同的。通常来说，从内容的丰富程度来看，文字比不上语音，语音比不上视频，视频比不上见面。

这也是许多零售企业和店铺都非常重视线下见面活动的重要原因。虽然线上活动也能达到互动沟通的目的，但是因为线下见面是面对面进行互动沟通，所以它往往更能拉近彼此的距离，快速增进彼此的感情，因此，许多零售企业和店铺都通过线下见面活动来提升老客户的忠诚度。

对于运营社群的零售企业和店铺来说，线下活动尤为重要。因为社群成员是因为共同的兴趣爱好聚集在一起的，所以当社群成员在固定的时间和地点做相同的、感兴趣的事时，会很容易拉近彼此间的距离。线下活动可以将社群中的成员都聚集到线下，面对面地做一些感兴趣的事，这样一来彼此之间的关系自然就更亲近了。

线下活动对于零售企业和店铺的意义毋庸置疑，但是要想做好一个活动，还需要进行一些必要的计划和准备。一般来说，要想让活动有条不紊地进行，组织者还需要依次做好以下 3 个方面的工作。

10.2.1 必要的准备

在正式开始线下活动之前，活动组织者必须要重点做好 3 项必要的活动准备，具体如下：

1. 找到吸引人的主题

通常来说，活动的主题直接决定了客户的感兴趣程度。因此，如果零售企业和店铺运营者要想让客户尽可能地都参与到线下活动中来，那么就需要找到一个足够吸引人的主题。

具体来说，运营者可以在活动内容和形式上进行创新，让参与线下活动的老客户获得独特的体验。比如，线下服装店如果只是搞试穿活动，可能大家都司空见惯了，一听就没有太大的兴趣，但是，如果运营者在试穿的同时，举办试穿摄影大赛，对优秀的"模特"和摄影师进行一些奖励，大家就会觉得比较有趣。

2. 找到合适的场地

在确定了活动的主题之后，接下来运营者要根据活动的主题选择合适的场地。在进行场地选择的过程中，重点要考虑两个方面的因素：首先，场地一定要适合活动；其次，要充分考虑成本，根据预算选择场地。

通常来说，运营者在选择场地时，可以先考虑自己的场地，这样就不需要支付场地费用了。如果自己没有合适的场地，可以选择朋友的场地，以获得一个友情价。除此之外，一些新场地也是不错的选择，因为这些场地急需客源，所以场地费用通常不会很高，有的甚至会免费提供。

3. 确定活动的人员

活动涉及的人员通常比较多，除了参与活动的主体——店铺的老顾客之外，还包括组织者、主持人、摄影师和嘉宾等，那么，我们怎样确定这些活动的相关人员呢？具体如下：

（1）活动组织者需要负责整个活动的执行和调度，因此，他（她）应该是策划团队的主心骨，是一个有领导力的人。

（2）活动主持人需要根据活动和嘉宾资料将整个活动串联起来，让活动高效、有序地进行，这就要求选择一个具有较强控场能力和时间把控能力的人。

（3）活动摄影师主要负责拍摄活动的视频和照片，而运营者在展示活动时可能需要用到很多视频和照片，这就意味着活动的展示效果和摄影师的作品直接相关。因此，在选择摄影师时最好选择具有专业素养和丰富经验的人。

（4）活动嘉宾是许多人是否参与活动的重要决定因素，如果你的老客户对你选的嘉宾没有好感，那么活动便是失败的。在嘉宾的选择上，通常的做法是选择行业内的知名人士。在有条件的情况下，运营者可以在社群上询问老顾客的意见。如果嘉宾是老顾客选出来的，老顾客自然更愿意参与活动。

10.2.2 活动的执行

在做好活动的准备之后，接下来，运营者可以对活动执行过程中的各个事项进行一些计划，具体如下：

1. 活动流程

活动具体有哪些内容？要怎样执行？要回答这些问题，我们还需要明确活动流程，让整个活动按照应有的顺序进行，否则，活动很可能会变得混乱、不受控制。在明确活动流程时，运营者只需将活动期间需要做的事，按照时间的先后顺序进行排列即可。

2. 活动宣传

做好活动的准备和明确活动流程之后，怎样让你的老客户尽可能地参与进来呢？这就需要对活动进行必要的宣传了。

通常来说，我们可以针对活动设计一个文案，将活动的主题、时间、地点和报名方式等内容一一进行说明。而宣传渠道方面，运营者最好把自己的所有宣传渠道全部用上，这样可以增加活动宣传的覆盖面，让更多人知道你的活动。

3. 活动现场

除了必要的准备和活动执行方面的内容之外，在活动现场还有一些必须要做的工作，具体如下：

（1）签到。如果活动开始之前，大家都进行了报名，那么运营者可以根据签到判断报名的人是否都来了。这样一方面可以知道活动的到达率，另一方面也可以及时通知没有到达的人员。

（2）接待。活动正式开始之后，运营者必须组织接待人员接待客户，让客户感受到你的重视。

（3）暖场。在参加活动的人员还没有到齐，活动还没有正式开始时，运营者可以做一些暖场，以缓解等待带来的无聊情绪。比如，让大家进行简单的自我介绍、对活动的相关内容进行介绍等。

10.2.3 回顾和总结

对于运营者来说，活动的结果固然重要，但更重要的是通过回顾活动，总结活动中的经验和不足，从而让自己在下次组织活动时能够做得更好。通常来说，回顾总结可以从两个方面进行，具体如下：

1. 活动回顾

活动回顾可以细分为两个部分，一是运营者自身对于活动的回顾。比如，通过回顾了解活动的整体情况，有哪些做得好，哪些还需要加强等。二是以官方的口吻对活动进行回顾。比如，可以通过一些视频、图片和文字对活动进行展示，让没有参加活动的人，也能了解此次活动的情况。

2. 活动复盘

每个活动都会有做得好的地方和做得不够好的地方，而活动复盘就是将它们都总结出来，为下次开展活动提供经验和借鉴。一方面对做得好的需要肯定，下次继续做好；另一方面对于做得不够好的则需要找到对策，明确怎样做会更好，从而避免下次犯同样的错误。

10.2.4 肯德基的线下活动

肯德基之所以能够在中国打开市场，除了对国人胃口的味道之外，线下活动的组织也是一个重要的原因。肯德基应该算得上是一个线下活动比较多的品牌了，无论是各种节日还是会员生日，只要有需求就可以组织一次线下活动。

当然，除此之外，在一些肯德基店铺中有时也会举办一些亲子主题活动。比如，2018 年 4 月 15 日嘉兴的一家肯德基店铺便组织了一个饭团 DIY 活动，图 10-3

所示为该活动的宣传海报。

图 10-3   肯德基的饭团 DIY 活动宣传海报

因为此次活动是一次免费的亲子活动，家长们可以通过活动增加与孩子的接触，陪伴孩子成长，而且当天又正好是星期天，一般的上班族都有时间，所以活动一经推出，20 个名额很快就被抢光了。

虽然这次活动对该店来说可能需要支付一些额外的成本，但是，可以在顾客心目中树立一个关注亲子关系的品牌形象，这样一来，参与活动的家庭乃至于看到该活动的人可能都会对肯德基多一份感情，而其客户忠诚度自然也就提高了。

通过线下活动，顾客可以更好地与品牌和店铺进行深入的接触，而随着接触的不断深入，顾客与零售企业和店铺的关系也会由弱变强，甚至一部分对活动比较满意的顾客还会通过社交平台进行分享，这样就为品牌和店铺塑造了良好的口碑，从而为零售企业和店铺培养了更多忠实的顾客，进而提高其整体销量。

10.3

培养种子用户，打开社群局面

乔布斯说："我们绝不进行市场调查。"有的人可能会觉得这种说法太过自负，殊不知在实时了多年"种子用户"战略之后，苹果公司在用户培养方面真的已经自信到可以不用做市场调查了。在其他手机品牌还在抢夺大众市场时，苹果公司就已经开始了种子用户的培养。

微信创始人张小龙认为："需求只来自你对用户的了解，不来自调研、分析、讨论或竞争对手。"这其实和乔布斯的观点有很大的相似之处。

10.3.1 什么是种子用户

什么是种子用户？笔者认为只有满足两个方面的要求，才能称之为"种子用户"。首先，这部分用户应该是品牌或店铺的早期用户，他们对于品牌和店铺比较认同；其次，他们应该是热衷于尝试新观念和新产品的革新者。

做零售的人都知道种子用户的重要性，但是，要真正找到种子用户并不是一件容易的事。比如，小米最初通过手机系统获取种子用户时，便组建了一个 100 人的团队。该团队当时的做法也只是到论坛里去塑造口碑，然后从中寻找资深用户，引导用户注册账号。

对于大多数零售企业和店铺来说，虽然看似到处都是用户，但是，并不能确定哪些人是种子用户，也不知道如何快速获取种子用户。在笔者看来，培养种子用户要做的不是让产品和服务满足所有人的需求，相反，只要满足一部分具有迫切需求的用户就可以了。

为什么呢？因为当你想将所有用户都培养成种子用户时，你可能要满足用户的各种需求，但是，零售企业和店铺的时间和精力是有限的，想做到这一点基本上是不可能的。

而如果零售企业只为重点满足部分用户的迫切需求，便可以集中火力，将用户迫切关注的内容做好。这样一来，你在这部分用户关心的某些方面将会做得比较突出，并且用户也会觉得你对他们足够重视。

在这种情况下，用户只要有需求在，便会留下来，甚至基于对品牌和店铺的信任，这部分用户也会多一份包容，看到品牌和店铺有新尝试时，会愿意去体验。即便体验不是很好，可能也不会生气离开。

10.3.2 种子用户的培养机制

对于种子用户，零售企业和店铺需要明白一点，那就是一个用户成为种子用户是需要一个过程的。在此过程中，只有用心培养，你的用户才有可能成为种子用户。对于种子用户的培养，零售企业和店铺可以在如下几个方面努力：

1.筛选用户

前面笔者已经提过，并非所有的用户都能成为种子用户，所以要想提高培养种子用户的成功率，首先要对用户进行筛选。只有选对人，你的营销活动才能取得应有的效果。一般来说，零售企业和店铺可以通过 3 种方法对用户进行筛选，具体如下：

（1）针对用户的某一核心需求，通过与之相关的主题活动吸引用户，并将这部分用户聚集成一个社群。

（2）把自己的亲戚朋友变成你的用户，并且将他们都拉入社群。这不仅可以增加社群的人数，提高社群中产品和服务的总体口碑，而且因为这部分人都是熟人，所以你可以从他们这里获取一些客观的反馈和建议。

（3）在培养了一批种子用户之后，通过各种活动，让老用户带新用户入群，快速增加种子用户的数量。

2. 影响意见领袖

任何一个领域，甚至只是一个小团队中都会有意见领袖。所谓意见领袖，就是能够影响多数人意见的一些人。通常来说，意见领袖占总体的比例不是很大，但是他们的意见能影响绝大部分的人。

具有知名度的意见领袖，比如明星、网红和行业专家等加入社群，不仅可以提高社群的活跃度，而且对于品牌、店铺、产品和服务的宣传也能起到很好的作用。如果零售企业能够影响意见领袖，让他们为你说话，那么你自然可以快速收获大量用户，而你的种子用户自然也就增加了。

3. 倾听用户的声音

培养种子用户，不是你认为的产品和服务做好了就可以了，而是要让用户觉得你的产品和服务真的做好了才行。而在现实生活中，大多数零售企业和店铺可能更多的是从自身角度出发，这样做显然是不行的。

毕竟产品和服务的购买权掌握在用户的手上，要想让用户多购买你的产品和服务，你就需要多倾听用户的声音，根据用户的意见进行更新升级，提高用户的满意度和忠诚度，将用户变成种子用户。

4. 提高用户的参与度

随着零售业和运输技术的发展，产品和服务越来越同质化。你有的产品，他也有，这样你就没有了竞争优势，而且，消费观念的转变和生活水平的提高，也让用户对产品和服务提出了更高的要求。

对此，笔者认为可以通过提高用户的参与度来寻求突破。一方面零售企业和店铺可以通过意见收集，让用户参与到产品的升级过程中，生产用户满意的产品；另一方面也可以通过与用户的接触，增加用户对品牌、店铺、产品和服务的认知度与信任感。

5. 通过用户进行内测

产品都是需要更新迭代的。零售企业和店铺可以在新产品上市之前先通过已有用户进行内测。这不仅可以获得用户的反馈意见，还能让参与内测的用户感受到你对他（她）的重视。而用户一旦觉得自己受到重视，便会对零售企业和店铺多一份好感，这就相当于为用户成为种子用户增加了几成胜算。

许多零售企业和店铺在新产品上市之前都有进行内测的习惯。图 10-4 所示为小米 MIUI 9 的宣传海报，可以看到小米就是通过面向用户发放体验名额的方式进行内测的。

图 10-4 小米 MIUI 9 的宣传海报

10.4

你的顾客为什么不帮你发朋友圈

10.4.1 正确发朋友圈广告

品牌代理商、实体店经营者和微商都需要发一些产品和活动的文案到朋友圈，在影响个人微信或者公众号里的好友、粉丝、顾客的同时，希望看到信息的人都能够喜欢发布的内容，进而帮忙转发，提升传播和营销效果。

　　但实际情况是很多人发的纯硬广或者没经过专业设计而显得粗制滥造，并不是顾客喜欢看的，更不用说帮忙转发了。

　　其实，不管是陌生人还是朋友，都不喜欢看朋友圈时满屏都是广告，所以如果想让别人关注你的朋友圈甚至转发，就要掌握顾客的心理。那么什么样的朋友圈才是顾客喜欢的？我们要怎样去发朋友圈呢？或者说，站在顾客的立场上，顾客希望看到的微信朋友圈是什么样子的呢？

　　平常发微信朋友圈的时候你可以留意一下：在你发广告和发生活的时候，哪一个评论比较多呢？我想结果毋庸置疑。在你发普通广告的时候，评论一定非常少，而你发自己生活相关的内容，评论就相对多。

　　其实我们要做的就是让顾客看到我们是一个真实的和他们一样的普通人，所以当你发生活状态的时候，你会发现互动很快就来了，而随着互动的增加，彼此间的关系也就不断拉近了。因此，我们在朋友圈要做的就是找到与顾客之间的共同话题，多与顾客进行互动。

　　要想通过朋友圈吸引顾客，你需要打造你的朋友圈。在此过程中，你可以晒自己的生活，打造自己的美好形象。高大上的朋友圈彰显的是你的品位，打造朋友圈形象和实体店装修其实是同一个道理。

　　当然，这里所说的高大上并不是指奢华、高消费，而是让人觉得你是一个有态度、有品位、有情调的人。但是，我们既然做生意，朋友圈总要发点产品信息吧？这是当然。但是生硬的广告最好还是少发。

　　笔者建议以分享的形式发布广告。那么，什么是分享式的广告呢？简单地说就是真实。要说出自己真实的感觉，把自己在使用过程中的真实感受以及带给你的变化分享给大家。这要比一味地强调和夸大产品的优势更加真实可信，这样，就不会让大家觉得你是在推销自己的产品，而是把好东西分享给大家。

　　而朋友圈的广告一定要真实可信，让人感觉到自然，不浮夸。虽然说是广告，但是也不能脱离实际，过分地夸大产品的功效。

　　比如：贴了一个药膏，多年的老风湿就好了。这在大部分人看来都是不可能的。还是这个药膏，我们还不如来个悬念式广告，比如："多年的老风湿，没想到贴了这个药膏之后竟然……"

　　广告的最高境界不是把产品夸上天，而是让顾客看不出广告的痕迹，却能受到广告的影响，购买广告中的产品和服务，甚至将广告分享给其他人。

10.4.2　增加朋友圈的转发率

在朋友圈运营的过程中，我们需要做的就是通过对内容的策划，增加顾客的转发率，从而让顾客变成你的宣传员。对此，我们可以从 4 个方面切入，具体如下：

1. 实用内容

相对于夸夸其谈，一些能够帮助到别人的实用性的内容，往往更容易引起他人的关注、查看和分享。每个人都会更加关注对自己有用的东西，当你发的内容对他（她）有用时，他（她）自然会更感兴趣。

比如，学摄影的可以在朋友圈发一些实用性的文章。当别人看到你发的内容之后，如果觉得有用就会进行转发。而且，因为你经常发一些对他（她）有用的东西，他（她）也会慢慢地对你多了一份信任。这样一来，当你在朋友圈卖东西时，他（她）也会有更大的兴趣。

图 10-5 所示为某摄影师在朋友圈发的内容，可以看到基本上都是一些摄影方面的实用性内容。这不仅可以让人觉得你是这方面的专家，还有可能基于你提供的内容的价值，转发你的朋友圈内容。

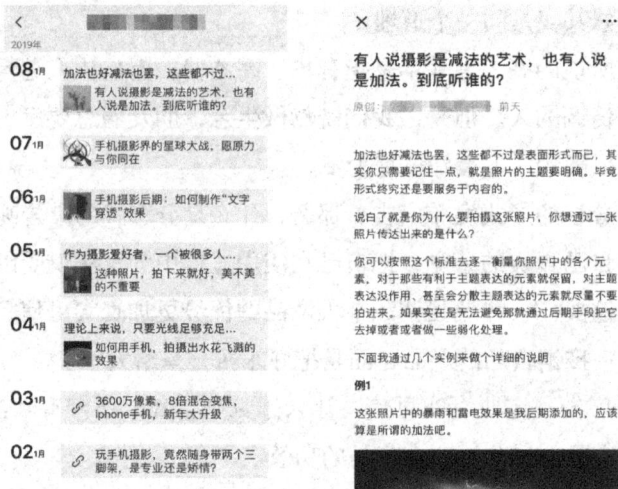

图 10-5　某摄影师分享的一些摄影方面的实用性内容

2. 引起共鸣

每个人对待各种事物都会有自己的情绪和看法，当你通过朋友圈进行表达时，那些有共同感受的人在看到之后也会基于共鸣进行评论，甚至会直接转发。也就是说，只要你在朋友圈发的东西能引起共鸣，让看到的人觉得有道理、有意思，他们就会帮你转发。

3. 让他人受益

当你发布的朋友圈内容可以让好友受益时,他们可能随手就帮你转发了。可以说,这是一种直接有效的提高转发率的方式。

4. 利用攀比心理

许多人都有不服输的心理,认为自己不比别人差,所以一些排名类的内容往往能够快速让很多人参与进来,甚至让不少人主动分享、转发。微信运动一度刷爆朋友圈就是因为这个原因。我们在发朋友圈时也可以通过设计排名类内容,利用好友们的攀比心理,让更多人看过来,并帮你分享出去。

10.4.3 实体店增加顾客分享率

开实体店的朋友一定很希望顾客能够主动在朋友圈里晒自己的店面或者产品陈列之类的,那简直就是真爱啊!那么,如何才能让顾客在朋友圈晒你的店面呢?

因为智能手机的普及,拍照越来越好看,而且很容易拍出一些好看的照片。因此,许多人都会在朋友圈晒各种照片。而我们要做的就是让顾客晒我们的店面,这主要有 3 种方法,接下来分别进行说明。

1. 让顾客主动把店铺拍进去

对于一些年轻父母来说,看着自己可爱的孩子,总会忍不住想拍一些照片晒一下。实体店铺运营者可以借助这一点,在实体店门口布置漂亮的背景,或者让人扮演孩子喜欢的卡通人物。

然后,通过配置店铺 Logo 的方式,让家长拍照时将店铺 Logo 拍进去。这样一来,只要家长们将带有店铺 Logo 的照片分享到朋友圈,就相当于在为店铺打广告了。

除此之外,还可以在店铺中放置一些精致美观的物品,当顾客进店时,看到这些东西之后,可能就会把这些东西拍进去。此时你只要在背景墙和产品柜中附上店铺 Logo,那么顾客的朋友圈便也等于在为店铺打广告了。

2. 迎合顾客的爱好

一般来说,如果你只是在口头上请顾客帮忙宣传店铺,可能大多数顾客会直接拒绝。这也很正常,毕竟顾客作为产品的使用者和服务的享受者,并没有义务为你做宣传。

但是,如果你能够迎合顾客的爱好,在店铺中投其所好放置一些他们喜欢的东西。此时，你如果请他们拍照时尽可能将店铺带进去，顺便帮店铺宣传一下，相信大多数顾客不会拒绝。这主要是因为你为他（她）提供了价值，他（她）也会愿意为你义务宣传一下。

3. 用福利诱导分享

除了上述两种方法之外，还有一种更为直接有效的方法，那就是用福利诱导分享。比如，通过分享店铺信息获得一定数额的赞后，向顾客赠送一定优惠的方式，让顾客主动分享店铺信息，在他（她）的朋友圈中主动为你打广告。

实体店如何让顾客惊喜，从而愿意主动为你转发分享？一般来讲，顾客通过朋友圈分享正面信息的行为，分为主动和被动两种。顾客的主动分享，可能来自实体店某个感动人心的环节，比如优质的产品、真诚的服务和某种特色等。而顾客的被动分享，则更多的是一些福利诱导，比如分享打折、集赞送礼等。

因此，如何抓住顾客的互联网社交圈，成为实体店的营销必修课。分享是一种状态，更是一种态度。我们可以在虚拟的社交中，通过主动分享塑造品牌和店铺形象，增加顾客的好感和信任度。

其实，让顾客在朋友圈里为你转发或者分享你店面的方法有很多，只要能抓住顾客发照片的心理，一切都会顺理成章。因为每个人的喜好是不一样的，你不喜欢的别人不一定也不喜欢。

对于零售企业和店铺的运营者来说，日常生活中许多常见的东西都是可以利用的，只要你利用得好，别人就会帮你宣传。关键就在于你能不能给他们一个帮你宣传的理由。

10.5
"拼团"背后的底层营销逻辑

10.5.1 拼多多的崛起

"拼团"最开始出现在旅游业中，它是指将散客们拼凑成团，让去同一个地方的游客共享一些资源，从而在提高资源利用率的基础上，降低游客的旅游成本，增加旅游团对游客的吸引力。

但是自从2015年9月份拼多多横空出世，拼团被再次定义：用户通过发起和朋友、家人、邻居等的拼团，以更低的价格，大伙儿合起来团购商品。其核心就在于通过吸引更多人购买同一件商品，以薄利多销的方式进行出售，降低每个人购买商品的成本。

与单独购买相比，拼团在价格上的优势是非常明显的。图 10-6 所示为"拼多多"微信小程序的部分商品，可以看到，同样的抽纸，单独买需要 18 元，拼团只要 9.9 元；同样的衣架，单独买需要 9.9 元，而拼团只要 3.9 元。面对如此悬殊的差距，你是选择单独买，还是拼团呢？

当然，也有部分人对于拼团购买的产品颇有怨言，因为这其中有许多商品的质量可能并不是太好，所以可能会买到一些质量没有太多保障的商品，但是看到商品的优惠价格之后，还是会默默地下单，也顾不上商品的质量好不好了。

2018 年 7 月 26 日，成立不过短短 3 年时间的拼多多在纳斯达克上市了。许多人在感到不可思议的同时，开始分析拼多多能够快速获得成功的原因。其实，拼多多之所以能够快速成长，主要就是因为借助拼团，让顾客觉得在拼多多"买到就是赚到"，拼多多的产品性价比高。

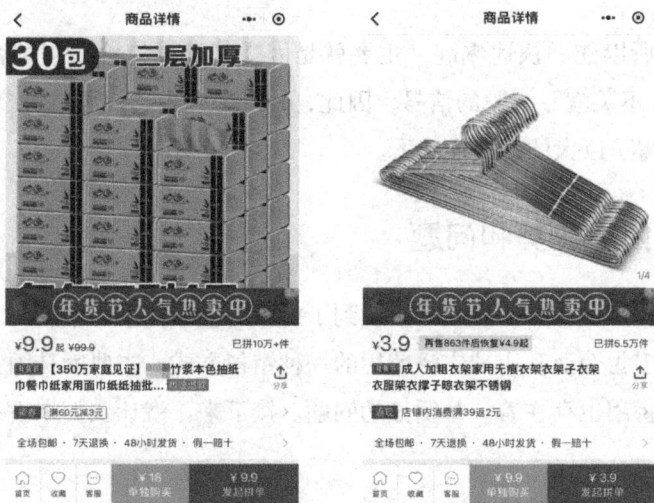

图 10-6　"拼多多"微信小程序的部分商品

拼多多创始人黄峥说："拼多多上架的第一款商品，是 1 元秒杀乐事薯片，如此低价却收到消费者投诉。原因就在于只要一元钱，薯片寄过去碎了不能吃，消费者不满意；但只要还能吃，消费者就会觉得值得。"

拼多多将此解读为"让用户觉得划算"。比如，拼多多设置了许多优惠的版块，如"限时秒杀""断码清仓""9 块 9 特卖""砍价免费拿""一分抽奖"等，通过低价出售商品刺激顾客进行消费。图 10-7 所示为"限时秒杀"和"断码清仓"版块的相关界面。

图 10-7 "限时秒杀"和"断码清仓"版块的相关界面

拼多多之所以能够快速崛起，主要就是因为其商品的价格向顾客传达了一个"买了就赚了，不买就亏了"的信号，因此，越来越多人选择通过拼多多进行购物，而拼多多也获得了巨大的发展推动力。

10.5.2 拼团的优势和问题

前面我们在说拼多多的崛起时，谈到了拼团的重要作用。而拼团之所以能够成为越来越多的零售企业和店铺广泛使用的一种销售方式，主要就是因为它有着诸多优势，当然，拼团也存在着一些明显的问题。接下来，就让我们来看一看拼团的主要优势和问题。

1. 借助社交，传播快速

互联网时代，社交和社交软件的重要性日益突出。如果能够合理运用社交的力量，就可以通过社交裂变，实现信息的快速传播。这对于品牌知名度的提高和商品销售量的增加都有着明显的作用。

而拼团则很好地利用了社交。对于拼团比较熟悉的人应该都知道，许多电商平台都是借助社交进行的。比如，许多拼团都是顾客自己创建一个团，但是只有组满一定数量的团员才可以享受优惠。因此，为了享受优惠，许多顾客只能到微信等社交平台去找人进团，这就很好地促进了拼团品牌和平台的传播。

除此之外，有的平台中甚至只要顾客能主动引导一些流量过来便可以免费获得一些商品。比如，拼多多有一个"砍价免费拿"栏目，图 10-8 所示为该栏目中某商品的相关界面。用户只需点击商品下方的"喊好友砍一刀"便可以进入如图 10-9 所示的微信"选择一个聊天"界面，将商品链接分享给微信好友。

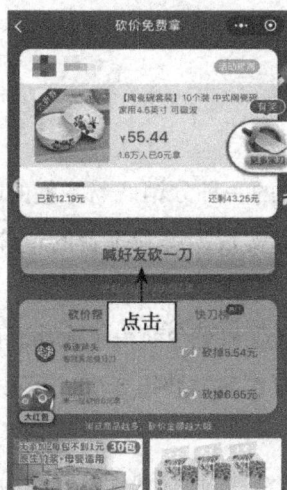

图 10-8　"砍价免费拿"栏目中某商品的相关界面　　图 10-9　微信"选择一个聊天"界面

2. 深挖三四线顾客蓝海

对于零售企业和店铺来说，相较于一二线城市，三四线城市的市场潜力可能更大一些。为什么呢？因为三四线城市的零售企业和店铺相对来说比较零散，很多人的需求都得不到满足。而且，因为这些地区的人消费力比较有限，传统实体店中商品的价格通常偏高，所以许多人都舍不得消费。

而拼团方式出现之后，三四线城市的居民即便在家里也能通过快递拿到商品，无需再花时间跑到商圈去购买商品。再加上拼团的商品价格普遍比较低，所以拼团的零售模式能够很好地满足这部分人的需求。

3. 只能让低价的商品卖得好

虽然拼团凭借低价的产品，可以让平台快速聚集大量人气。但是，这些进入平台中的人是因为受到低价的吸引，所以在进入平台之后，这部分人可能也只会购买一些低价的商品。

这样一来便容易出现这样一种情况：平台上低价的商品卖得很好，而高价的商品很难卖得动。而且，虽然这些顾客喜欢贪便宜，但是，如果商品的质量不好，他们也会通过社交表达自己的不满，进而影响平台的整体口碑。

10.6
社会化分销让顾客成为"推销员"

10.6.1　社会化分销的红利争夺

社会化分销，顾名思义，就是通过社交进行的一种分销。与一般的电商销售模式不同，社会化分销更多的是借助社交的力量，实现品牌和平台的口碑裂变传播，从而提高商品的整体销售。

2017 年以来，社会化分销模式让许多零售企业和平台获得了成功。比如，库存分销平台"爱库存"获得 5.8 亿元 B 轮融资；"好衣库"获得 5 000 万元天使融资之后，短短 1 个月又获得了 1 亿元的 A 轮融资等。

而这些零售企业获得的社交红利，也让整个零售业看到了社交化分销的价值，希望通过社会化分销获得市场红利。因此，许多零售平台和企业都开始了社交化分销的尝试。比如，唯品会的"云品仓"、贝贝网的"贝店"、蘑菇街的"美丽购"、苏宁的"乐拼购"便属于这一类。

以唯品会为例，作为一个以自营为主的电商品牌和平台，在与淘宝、京东等电商平台的竞争中，获取流量本来比较难，再加上微信电商的崛起和发展，要获得流量就更难了。

在这种情况下，唯品会借助社交电商推出了"云品仓"项目，通过为个人卖家提供一体化的服务，进行社会化分销。作为唯品会对社会化分销模式的探索，云品仓的商品由唯品会提供，质量比较有保障，而且借助云品仓的一键上架、一键分享等功能，入驻的店主可以快速开设一个小程序店铺，每天用于管理的时间也只需要 10 ～ 30 分钟。

入驻云品仓也很简单，只需关注"云品仓"微信公众号，输入"我要开店"，便可以添加微信，索要开店链接，如图 10-10 所示，而且点击该公众号菜单栏中的"商学院"按钮，便可进入如图 10-11 所示的"云品仓商学院"微信小程序，了解云品仓的相关信息。

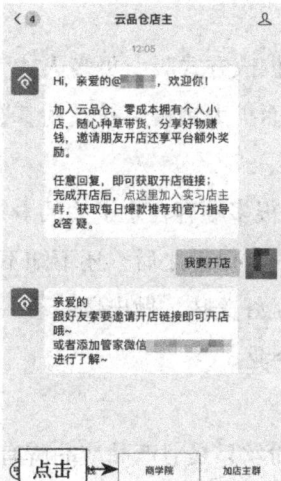

图 10-10　"云品仓"微信公众号

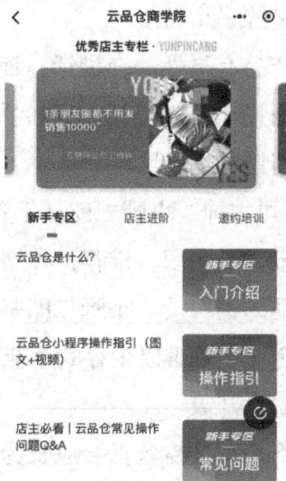

图 10-11　"云品仓商学院"微信小程序

10.6.2　让顾客变身"推销员"

了解了社会化分销，接下来我们再来看看零售企业和店铺如何通过社会化分销让顾客成为你的"推销员"。

对于零售企业和店铺来说，销售人员的素质非常重要，几乎每个零售企业和店铺的老板都希望拥有大量得力的销售人才。而现实是，一名销售人员从新手开始培养，需要花费大量时间和金钱成本，而且还不一定能获得预期的效果。更让人失望的是，有时候好不容易做完了培训，销售人员却没做多久就跳槽了。

因此，许多零售企业和店铺都会面临困局：培养销售人才，很可能费力还不讨好；招聘人才不仅需要花费一定的成本，而且招聘的人才还很难满足零售企业和店铺的需求。

其实，在互联网时代，所有的生意都可以变通，何况是销售这个经营手段呢？零售企业和店铺完全可以进行销售的创新，所以我们说的"推销员"并不一定必须是你的员工，也可以是品牌和店铺的忠实顾客。

相对于传统推销员，将顾客变成推销员的优势就在于你不用为他们发薪水，他们也会心甘情愿地帮你宣传，而且，因为他们不是你的员工，所以他们的推销行为也更容易获得其他顾客的认同。

那么，如何让顾客自动变成你的推销员呢？在这里笔者整理了 7 种方法，具体如下：

1. 坚持爆品思维

好产品有灵性，会说话，而爆品会用爆炸式的扩散方式吸引更多人成为粉丝。粉丝会通过广泛的传播和评价扩大品牌影响力，从而扩大销售。粉丝的基数越大，潜在的销售员越多。

"寿司之神"小野二郎从不花一分钱做推销，但很多顾客在吃了他的寿司之后，主动发推文、晒图、推荐，在塑造了小野二郎的名气与口碑之后，还不知不觉中做了一回他的销售员。小野二郎坚持的就是扎扎实实做好美味，做出爆品。一个没有爆品的企业，是难以生存的企业，更是难以突破的企业。

2. 粉丝升级

并不是每位粉丝都会成长为营销员，一些浅度粉丝只是对产品或品牌有一定的信任感，只能影响自己的购买行为，不会主动产生推广销售的行为，而要让粉丝成为营销员，一定要把浅度粉丝升级为深度粉丝。

只有升级后的深度粉丝，才会产生更大的销售动力，做更多的事。企业可以考虑将部分粉丝升级为产品、市场顾问，升级为粉丝论坛、平台的意见领袖，升级为、朋友，升级为 VIP，这样的粉丝忠诚度才会更高，推广销售行为才会更有动力。

比如，某公司要改进产品功能，市场部给某位粉丝打电话，诚恳向他征求改进意见。这位粉丝感受到了极大的尊重，就会主动给公司出谋划策，并主动向他人宣传新产品的功能。

比如，一位老爷爷要给孙子买一款玩具，但忘了带钱。正当愁眉苦脸之际，服务人员主动表示可以第二天支付。这位爷爷非常感动，不但第二天送来了钱，而且又买了好几件玩具。带着感动的心情，当他与别人聊天时，时不时地说起这件事，销售行为就自然而然产生了。

3. 市场教育，占领认知

市场教育并占领认知是一个需要大量时间和金钱的工作，持续时间也比较长，但一旦实施成功，就会带来极佳的市场效应。因为消费者心智一旦被占领，品牌形象就深入人心，占据了同品类选择的第一位，别的品牌就很难再有一席之地。

比如，瓜子二手车，宣传的是不让中间商赚差价，买车卖车最实惠，鲜明而有特色。虽然好几个二手车交易平台也都在大打宣传，但瓜子二手车凭借鲜明的理念，成功进行了市场教育，占领了消费者认知。

虽然成立较晚，但瓜子二手车占了二手车市场份额的大头。消费者一想到网上卖车买车，首先想到的是瓜子二手车。消费者被占领心智后，会自然而然地产生推荐行为并帮忙树立口碑，而这正是营销员的功能。

4.建立转发有奖系统

网民或粉丝自动转发行为对产品或品牌的要求比较高，要确实有爆点才行。在当前竞争激烈的市场上，消费者品位越来越高，爆品越来越难以产生。企业需要提升网民或粉丝的转发动力，这个动力就来自奖励。

比如，建立转发有奖系统，顾客的每一个转发行为，都会被记录下来，企业根据转发质量兑现奖励。这就会让顾客产生极大的转发动力，从而增加销售行为。比如，到店顾客只要下载 App、关注公众号、转发朋友圈就可以得到相应奖励。

5.让顾客可以炫耀

顾客不会因为一个毫无特色的东西而转发或推荐，更何况现在是抢夺注意力的时代，谁也不会关注那些毫无特色的东西。

比如，在路上看到一块石头，他的视线都不会停留一下，根本不会转发，但如果这块石头有着美玉一样的特质，上面还有精美的花纹，他就会因为想炫耀一下而产生转发的行为。

所以，你的产品、品牌或店铺要让顾客有炫耀的可能。比如，某个饭店，有假山有水，还有雾，非常美，顾客就很容易产生拍照发朋友圈的行为。比如，买了某款带有特殊功能的房车，顾客就会很愿意发朋友圈，炫耀一下。

6.让顾客觉得对别人有益、有趣、新奇

人都有帮助他人、分享好东西的潜意识，只不过这种潜意识往往比较微弱，难以推动大的分享行动，但如果加大分享的推动力，或减小分享的难度，就会自动产生大量的分享行为。

前面笔者说到的建立转发有奖系统，就是加大分享推动力。另外，提高推文的质量，与消费者产生共鸣，这对亲人、朋友同样也非常有用，他们会毫不犹豫地转发分享。比如，养生类、减肥类的文章，因为对家人、朋友都有益，很多人都会乐于转发。

或者，商家展现给消费者非常有趣好玩的东西，独乐乐不如众乐乐，消费者也十分乐于转发。比如，有的店家让服务人员穿着卡通服饰发传单，愿意拿传单的人立刻增加很多，很多人还拍了照片发朋友圈。

此外，对于那些新奇的东西，消费者同样愿意分享转发。比如吃到一串油炸虫子，顾客就非常愿意转发。只要是有益、有趣、新奇的东西，就会很容易产生推荐、转发、分享等宣传、销售行为。

7. 建立深度关系，让顾客深入参与了解

顾客了解你，才会更相信你；顾客喜欢你，才会更愿意推荐你；顾客爱你，才会不遗余力地维护你。建立深度的关系，才会让顾客更愿意成为你的销售员。小米手机在没上市之前，就发布了 MIUI 操作系统，很多网友参与了修改和互动，小米公司也广泛吸收了网友的意见，进行了升级。

当小米手机一上市，立刻得到了粉丝的热捧。其主要的原因就是品牌方与顾客建立了深入的交流，建立了情感联系。再如，有些店家让顾客参与到经营中来，监督生产过程和采购过程，邀请他们对产品提出宝贵意见。

顾客与企业建立了牢固的信任感，感觉企业跟自己没有距离感，尊重他们的意见，他们的自尊心得到了满足，更容易心生亲近。顾客经常被感动，就会帮助企业推销产品。

最后，引用弗雷德·赖克哈尔德的一句话："企业在未来获得盈利增长的唯一途径，就在于企业有能力把他们的忠诚客户有效地转化为类似于营销部门的超级推销员。"